TAMBIÉN es ASUNTO de HOMBRES

Dr. Santiago Brugo Olmedo

También es ASUNTO de HOMBRES

EDITORIAL ATLANTIDA

Diseño de tapa: Natalia Marano

Título original: TAMBIÉN ES ASUNTO DE HOMBRES
Copyright © Dr. Santiago Brugo Olmedo, 2004.
Copyright © Editorial Atlántida S.A., 2003.
Derechos reservados para todos los países de habla hispana de América latina.
Primera edición publicada por EDITORIAL ATLANTIDA S.A.,
Azopardo 579, Buenos Aires, Argentina.
Hecho el depósito que marca la Ley 11.723.
Libro de edición argentina.
Impreso en Argentina. Printed in Argentina. Esta edición se terminó de imprimir
en el mes de febrero de 2004 en los talleres gráficos Indugraf S.A.,
Buenos Aires, Argentina.
Tirada: 3.000 ejemplares.

I.S.B.N. 950-08-2862-6

AGRADECIMIENTOS

Agradezco desde estas líneas a todos aquellos que hicieron posible que escribiera este libro. A mi amigo, el doctor Juan Calamera por aceptar prologar el libro; a mi maestro, el doctor Aníbal Acosta por su valioso capítulo de consideraciones éticas; a las doctoras Claudia Silvani y Patricia Casal, por el interesantísimo capítulo de aspectos legales; al licenciado Darío Fernández, por ocuparse tan brillantemente de los problemas psicológicos y a la licenciada Sabrina De Vincentiis por su apoyo y colaboración. A mi secretaria Malvina, por su ayuda permanente. A mis editores Leonardo Freidenberg y Margarita Silvera, por sus buenos consejos. A mi mujer, Elvirita, a mis hijos Santiago, Simón, Felipe, Benjamín, Joaquín, Josefina y Virginia por su paciencia.

ÍNDICE

PRÓLOGO

Cuando el doctor Santiago Brugo Olmedo me solicitó prologar su libro tuve una auténtica alegría ya que me liga a él una amistad de muchos años, pero al mismo tiempo un sentimiento de gran responsabilidad.

El doctor Brugo Olmedo ha recorrido un largo camino dentro de la Andrología, y este esfuerzo constante en el tratamiento del paciente masculino le ha permitido no sólo incursionar en las múltiples facetas de esta especialidad sino, además, desarrollar una fecunda tarea de investigación; sus trabajos son reconocidos tanto en el ámbito nacional como internacional.

Su obra actual es fruto de una profunda madurez que se fue incrementando con el transcurrir del tiempo y de una intensa preparación en centros especializados, tanto de Europa como de Estados Unidos.

Lo que primero surge como característica general de este libro es el desarrollo ordenado de los distintos temas abordados, que lleva al lector a penetrar en forma progresiva y como de la mano en los grandes interrogantes que normalmente se hace un paciente ante el problema de la infertilidad.

En este trabajo el autor traza un esquema cuya columna vertebral es la Andrología clínica. Su relato tiende a ambientar al lector, ayudándole a comprender aquello que lee y a compenetrarse en la "acción", para lo cual utiliza un lenguaje sencillo y a la vez práctico, que no es fácil de encontrar en las publicaciones de este género, ya que pocos tratan los problemas del varón con esta originalidad.

Creo que este libro es un aporte importante al tema, a fin de que el lector descubra, quizás por primera vez, que la infertilidad masculina no lo relega a un rincón oscuro y sin retorno, sino que le ofrece un camino de esperanza.

La sensación que produce su lectura, es que el autor está pensando en las personas concretas que lo leerán, y por ello el lector está siempre presente en su texto a través del desarrollo de cada tema.

El tono del libro es el de un diálogo amable que estimulará a quien lo lea a compartir sus propias reflexiones y, de esta manera, manifestar la intención de establecer un compromiso entre ambos a fin de que se puedan comprender las distintas problemáticas que encierra la Andrología.

De estilo conciso y claro, nos va develando desde los conocimientos básicos hasta las complejas situaciones de los seres humanos que desean encontrar la solución a un problema central en sus vidas, como es la reproducción.

Por lo expuesto, es de esperar que esta obra sea un notorio éxito.

Concluiré simplemente expresando el verdadero placer de escribir estas líneas, con el convencimiento de que para el lector *También es asunto de hombres* será una experiencia muy útil y gratificante y para el autor un auténtico logro en su carrera profesional.

Doctor Juan Cayetano Calamera

PRIMERAS PALABRAS

Por increíble que parezca, existe mucha información sobre la esterilidad femenina en libros, revistas, folletos o programas de televisión, pero no hay prácticamente nada referido a los trastornos del varón.

En casi la mitad de las parejas que no pueden tener hijos, el problema está en el hombre. Sin embargo, casi nadie habla sobre ellos.

El varón tiene muchas dificultades para vivir su problema de esterilidad. Suele ser incapaz de conseguir contención porque guarda ese drama muy profundo en su corazón y no sabe cómo compartirlo con alguien. A veces, ni siquiera con su propia mujer.

Tengo la esperanza de que este trabajo pueda ayudar a aclarar dudas, a conocer y comprender las diversas enfermedades que pueden provocar esterilidad y a saber elegir entre los diversos tratamientos posibles. Conocer lo que elegimos es la única manera de decidir con libertad.

Este libro está dividido en cinco partes. En la Parte I, luego de una breve explicación sobre el significado de la Andrología, se describen la anatomía del hombre y la mujer para poder entender plenamente los trastornos que pueden ocurrir.

Luego de describir con detalle las dos gametas humanas, el espermatozoide y el óvulo, entra de lleno en el relato del maravilloso proceso de la formación de la persona humana, es decir, la fertilización.

Enseguida se aborda el tema de la esterilidad y las diferencias con la infertilidad, para después finalizar esta primera parte con detalles prácticos de la entrevista inicial con el especialista, es decir la historia clínica y el estudio más importante relacionado con la fertilidad del hombre: el espermograma.

En la Parte II se detallan las enfermedades que afectan al varón provocándole esterilidad. Los problemas hormonales, también llamados pretesticulares, poco comunes; las afecciones del testículo, que son los motivos de consulta más frecuentes en la práctica andrológica. Allí se describe su diagnóstico y cómo se curan, cuando son curables.

También se abordan los trastornos postesticulares, es decir, todo lo que pasa con los espermatozoides en su trayecto desde el testículo hacia el exterior y por último, las enfermedades que afectan directamente al espermatozoide, tanto en su morfología, como en su metabolismo, o sea en su función, en su capacidad fertilizante.

Una parte del texto repasa de manera general los problemas que pueden causar esterilidad en la mujer, aunque de manera menos detallada porque no es el objeto directo de este libro.

En la Parte III, me ocupo de los tratamientos de reproducción asistida que se utilizan en la actualidad. La fertilización in vitro y la inyección de un espermatozoide dentro del óvulo, es decir, el ICSI.

Se describen las indicaciones de estas técnicas, el detalle de la estimulación de la mujer para obtener los óvulos deseados, cómo se extraen, el trabajo del laboratorio con los espermatozoides, los óvulos y los embriones y por último, cómo es la transferencia de éstos al útero.

En la Parte IV se explica cómo se realiza la congelación de embriones y cuándo está indicada. También qué es la donación de embriones, llamada adopción prenatal.

Además, se hace referencia a la donación de gametas, es decir de espermatozoides y de óvulos, cuáles son sus indicaciones, cómo se realiza, mitos y leyendas al respecto.

Por último, se aborda el tema del diagnóstico preimplantatorio, es decir, el estudio genético de los embriones antes de ser transferidos al útero.

La Parte V se refiere a dos temas sumamente importantes en cuanto a esterilidad: la adopción y los dilemas éticos y legales de nuestro trabajo.

Este libro trata sobre problemas que tienen las personas y por eso me pareció importante incluir el relato de varias experiencias de vida de diversos pacientes, que enriquecen de manera fundamental el contenido de esta lectura. Estos testimonios son, seguramente, la parte más apasionante de mi práctica médica, la que más valoro; mucho más que la investigación, y la docencia, más que los logros académicos y los reconocimientos que pudiera tener.

Mi relación con las personas que vinieron y vienen a solicitar ayuda es lo más emocionante y profundo de mi vida como médico. Me llevan a bucear en los confines de los sentimientos más sublimes.

Hace exactamente 23 años que comencé a recorrer el camino de la Andrología, a recibir a las parejas que buscan un hijo.

Son vidas fascinantes, llenas de pasión, amor, desesperanza y alegrías, que llenan mi vida plenamente.

A ellos, a los pacientes, les dedico en especial este libro, con la esperanza de que los ayude a entender mejor el problema que los preocupa, que muchas veces los angustia y en ocasiones hasta les quita las ganas de vivir. El mensaje es que se puede, se puede hasta cuando no se puede.

Quiero terminar estas primeras palabras, dedicando a mis pacientes, esos hombres y mujeres para quienes fue escrito el libro, estos versos de René Juan Trossero que dicen:

Si quieres cruzar el río,
no te detengas en la orilla;
si quieres terminar tu duelo,
no postergues tu dolor.
Estarás en la otra orilla,
cuando hayas cruzado el río;
y habrás terminado de sufrir,
cuando hayas sufrido tu dolor.

PARTE
I

Capítulo 1

Andrología: un asunto de hombres (y de sus mujeres)

La Andrología es una disciplina médica que se aboca al estudio de los trastornos de la fertilidad y sexualidad del hombre. En otras palabras, se ocupa de la salud reproductiva masculina.

En el mundo, recién se empezó a trabajar en este campo en la década de los 50, y Argentina fue una de las pioneras, pues los primeros andrólogos reconocidos internacionalmente nacieron y se formaron en este país, como por ejemplo los doctores Roberto Mancini y Luis Schwarstein, entre otros.

La esterilidad, la contracepción, las disfunciones sexuales y el climaterio, son los cuatro aspectos básicos que trata el andrólogo.

Hasta hace unos años, los hombres tenían muchos conflictos al momento de acudir a la consulta con un andrólogo. Sentían que pedir ayuda a un especialista disminuía su hombría y afectaba su machismo.

Es que, aunque se trate de un error, los trastornos de la fertilidad se asociaban con la impotencia. Pero poco a poco, ese mito fue desapareciendo y los varones comenzaron a aceptar que el problema nada tenía que ver con su virilidad y que la única manera de solucionarlo era consultando al médico.

Se avanzó tanto en el campo de la esterilidad y sexualidad masculinas que el médico clínico, el urólogo general o el endocrinólogo ya no pueden por sí solos ofrecer respuestas actualizadas en estos temas.

Por eso los andrólogos y especialistas en Medicina reproductiva adquirieron un papel esencial en el estudio y tratamiento de los problemas reproductivos.

El andrólogo moderno debe ser capaz de intervenir en el consultorio, el quirófano y el laboratorio, para solucionar, en la medida de lo posible, los trastornos de la fertilidad y sexualidad del hombre.

El trabajo en equipo es un concepto que debe regir en todo instituto de Medicina reproductiva, pues de esta forma se alcanzan mejores niveles de calidad en el diagnóstico y tratamiento del paciente.

En otros tiempos, se pensaba que prácticamente todos los trastornos de fertilidad eran causados por fallas de la mujer y que el hombre era sano en tanto pudiera eyacular.

La inmensa mayoría de los casos de infertilidad en una pareja se resolvía con una frase engañosa: "Mi mujer tiene un problema".

Con el desarrollo de la Andrología se empezaron a conocer en profundidad las características del semen y se descubrió que los problemas masculinos eran mucho más frecuentes de lo que se pensaba.

De hecho, la experiencia indica que el 30 por ciento de los problemas de infertilidad en la pareja responde a trastornos en el varón.

Pese a ello, los hombres y las mujeres aún sufren la esterilidad de manera muy distinta. Muchas veces entre lágrimas, ellas expresan su problema, lo comentan con amigos y encuentran así una forma de desahogarse y de compartir su frustración. Ellos, en cambio, lo reservan en un lugar oculto de su intimidad.

La fertilidad y la sexualidad son aspectos muy importantes para los seres humanos y hacen de la Andrología y la Medicina reproductiva, unas de las especialidades más apasionantes de la Medicina.

La esterilidad

Al cabo de un año de relaciones sexuales sin el uso de anticonceptivos, la esterilidad de uno o de ambos miembros de la pareja comienza a percibirse como una posibilidad cierta.

Ésta puede ser primaria, cuando nunca se produjo un embarazo, o secundaria, cuando ha habido embarazos que terminaron en nacidos vivos, en interrupciones provocadas o en embarazos ectópicos (fuera del útero).

La infertilidad, en cambio, es el caso de la pareja que ha sufrido uno o más abortos espontáneos, es decir, que se interrumpieron o se perdieron espontáneamente uno o más embarazos.

Es verdaderamente llamativa la ineficiencia reproductiva de la raza humana. En comparación con los animales, nuestra especie tiene muchas más dificultades para reproducirse.

En primer lugar debemos tener en cuenta que la edad de la mujer es la variable más importante en relación con el embarazo.

Esto significa que la calidad de los óvulos va disminuyendo a medida que transcurren los años en la mujer. Inclusive el contenido genético de los ovocitos va cambiando con la edad y es por eso que existen mayores posibilidades de tener hijos con enfermedades genéticas o de sufrir abortos a medida que pasan los años.

El problema reside en que la carga genética de los ovocitos comienza a deteriorarse y de esa manera, cuando el espermatozoide penetra y comienza a combinar sus cromosomas con los del ovocito, se producen errores, fundamentalmente en la cantidad de cromosomas que tendrá el embrión.

Esto da como resultado una disminución en las posibilidades de embarazo y si éste se produjera, una mayor cantidad de abortos espontáneos, por lo general en el primer trimestre.

Este deterioro reproductivo no es tan marcado en el hombre. La caída de la fertilidad en el varón es muy paulatina y hay casos de paternidad comprobada después de los setenta años.

Pese a ello, en prestigiosas publicaciones se ha afirmado que los hombres de alrededor de 50 años tienen mayores probabilidades de tener hijos con anomalías genéticas que los varones que son padres más jóvenes.

Una pareja sana, en la cual la mujer tenga alrededor de 25 años, manteniendo relaciones sexuales en la época fértil, posee una posibilidad de alcanzar el embarazo de entre 15 y 20% en un mes; al cabo de seis meses, el 60 ó 70% consiguió el embarazo, y luego de un año, entre el 85 y el 90% de las parejas lo logró.

Se han hecho estudios donde las mujeres fueron inseminadas con semen de donante porque sus parejas tenían azoospermia (ausencia de espermatozoides en el semen), y se nota perfectamente una declinación en la fertilidad, a medida que aumenta la edad de las mujeres.

La frecuencia de relaciones sexuales de la pareja es también un factor importante. Está demostrado que si ambos integrantes de la pareja son sanos, una frecuencia de entre tres y cuatro veces por semana es la ideal para conseguir el embarazo. Si la frecuencia sexual es mayor, existe el riesgo de que la producción espermática no sea suficiente y entonces, la calidad y cantidad de espermatozoides por eyaculado disminuye con el consiguiente riesgo de no lograr el embarazo.

También el momento de la relación sexual es muy importante, ya que la mayoría de los embarazos ocurren cuando la relación se produjo el día de la ovulación o uno o dos días antes de ella; si el coito fue posterior a la ovulación, la posibilidad de embarazo es muy pequeña, sencillamente porque el ovocito es capaz de fertilizarse hasta unas pocas horas luego de la ovulación y pasado ese tiempo pierde esa posibilidad.

Todo indica que cada vez hay más parejas con dificultades para tener hijos; este dato es cierto y se debe en parte al incremento del estrés, tanto en el hombre como en la mujer.

También se sabe que la contaminación ambiental es un factor importante en la disminución de la fertilidad.

En el hombre, el estrés es capaz de disminuir la calidad del semen y en la mujer, puede dificultar y hasta impedir la ovulación. Por otra parte, las mujeres dejan pasar cada vez más tiempo hasta que deciden ser madres, y de acuerdo con lo que hemos comentado, cada año que pasa disminuyen sus posibilidades.

Pero, ¿cuál es la incidencia de la esterilidad? Aproximadamente entre el 15 y el 20% de las parejas en edad reproductiva no puede tener hijos, es decir, que una de cada cinco parejas tiene esterilidad.

Sabemos que en el 30% de estos casos, la enfermedad está en la mujer; en el otro 30% en el hombre, y en el 40% restante son problemas de ambos integrantes de la pareja.

En síntesis, podemos afirmar que la incidencia de esterilidad en el varón es mayor, por ejemplo, que la posibilidad de tener diabetes.

Testimonio

EL CÁNTARO, LA FUENTE Y LOS SUEÑOS

Cuando nos conocimos, allá por la década de los 80, me enamoré casi inmediatamente. Me la presentó un amigo que estaba saliendo con una de sus hermanas.

Ella era una chica arisca, difícil de conquistar y desconfiada de los hombres. Pero tanto va el cántaro a la fuente ... que al final terminé conquistándola.

Para ese entonces, yo estudiaba mi carrera en otra ciudad, así que en realidad nos veíamos una vez por mes. Me tomaba el ómnibus el viernes por la tarde y viajaba toda la noche para llegar a Buenos Aires por la mañana y estar con ella el sábado y el domingo; por la noche me tomaba el ómnibus de regreso y otra vez a estudiar y a extrañarla.

Así fueron pasando los años y finalmente me recibí y con el título en la mano llegué nuevamente a Buenos Aires con toda la ilusión de comenzar a trabajar, casarme y formar una linda familia.

Eran los años más felices de mi vida, los que recuerdo con más cariño y emoción. Al poco tiempo de haberme instalado ya estaba trabajando aceptablemente bien y por eso, al año, nos casamos.

La fiesta fue bastante modesta porque teníamos poca plata, pero eso no importaba, porque, como para casi todos los jóvenes enamorados, lo único que vale es estar juntos, decirse todo el tiempo que se quieren y emprender esa maravillosa aventura de comenzar una familia.

Cómo íbamos a imaginar que nuestro futuro era tan diferente al que soñamos... la esterilidad nos golpeó como la peste.

Cuando en las primeras consultas con otros médicos, nos dijeron que no podríamos tener hijos, fue como si nos mataran. Recuerdo que cuando salimos del consultorio del primer profesional que consultamos, nos sentamos en un banco de una placita de la zona, nos abrazamos y nos quedamos mirando la nada, sin fuerzas para decirnos algo, de tanta pena que teníamos. Siempre habíamos jugado con soñar cuántos gorditos y gorditas tendríamos, los nombres habían sido motivo de largas conversaciones y negociaciones, cómo los educaríamos, si hasta había pensado cómo serían mis futuras nueras y yernos...

Finalmente decidimos recurrir a un equipo de especialistas y confiarles a ellos nuestro drama. Desde el primer momento sentimos una gran confianza y poco a poco una serenidad que antes no teníamos. Nos dimos cuenta de que estábamos en buenas manos.

La historia médica fue larga y difícil. Hubo muchos estudios, tratamientos, incluso mi doctor me operó.

Mientras tanto, mi matrimonio creció en comprensión, unión, y entrega del uno para el otro. Nunca la noté tan pendiente de mí, tan cariñosa en los detalles, y al mismo tiempo la descubría sin que ella se diera cuenta, mirando la nada con ojos tristes, melancólicos. Yo traté de confortarla todo lo que pude y el resultado de todo esto fue que nunca nos sentimos tan unidos, tan una sola carne, como a partir de esa época difícil de nuestras vidas.

Hoy es domingo, me toca a mí preparar el desayuno en casa; mientras pongo los vasos, tazas y platos para los cinco (mi mujer, nuestros tres hijos y yo) no dejo de pensar que Dios me ha mimado especialmente.

Capítulo 2

Hombre y mujer

Él

El aparato reproductor masculino es el que permite al hombre fabricar espermatozoides y colocarlos en el fondo de la vagina a fin de lograr la reproducción.

Está formado por los testículos, el pene, la próstata, las vesículas seminales y las glándulas de Cooper y Littré.

Los testículos son dos glándulas que se alojan en la bolsa o escroto y que necesitan funcionar a una temperatura de aproximadamente un grado y medio por debajo de la temperatura corporal para poder cumplir con su función; tienen dos funciones claramente diferenciadas: por un lado fabrican los espermatozoides, y por otro, producen una hormona muy importante para el hombre: la testosterona.

El proceso de fabricación de los espermatozoides se llama espermatogénesis y es bastante largo, dura más de dos meses. En los monos, por ejemplo, todo el proceso de fabricación de espermatozoides demora solamente 30 días.

Los espermatozoides no comienzan a fabricarse como tales sino como unas células redondas denominadas espermatogonias. Éstas serán en realidad las células madre de todos los espermatozoides; contienen 46 cromosomas y cada una de ellas da origen a dos células diferentes llamadas espermatocitos I, luego, a su vez, estas células se transforman en espermatocitos II, que ya contienen sólo 23 cromosomas.

Al cabo de unos días, los espermatocitos II cambian, y se denominan espermátides, y poco tiempo después se llega al espermatozoide. La forma redondeada de la espermatogonia (como dijimos, la célula madre de los espermatozoides) va cambiando hasta llegar a ser elongada con una cabeza y una cola: ésa es la forma del espermatozoide maduro.

Este proceso de fabricación de espermatozoides, la espermatogénesis, ocurre en una parte especial del testículo llamada túbulo seminífero.

Estos tubos están llenos entonces de células de la espermatogénesis, pero también existen allí otras células muy importantes conocidas como células de Sertoli. Ellas sirven para darles la forma a los túbulos y además son muy importantes porque dejan pasar ciertos nutrientes al interior del túbulo destinado a la espermatogénesis.

De alguna manera se podría decir que las células de Sertoli son las nodrizas de la espermatogénesis, vigilando qué sustancias pueden pasar al interior del túbulo donde se están fabricando los espermatozoides y cuáles no pueden hacerlo.

Por otra parte, estas células también fabrican una hormona, denominada inhibina B, que solamente se produce en presencia de células germinales, esto es, si no hay como mínimo células madre de espematozoides, las células de Sertoli no fabrican la inhibina B.

Afuera de los túbulos seminíferos se localizan otras células que se llaman células de Leydig, que se ocupan de la otra función del testículo: la fabricación de la hormona testosterona.

Estas células tienen una enorme resistencia a las agresiones externas, tanto es así, que si el testículo sufre una gran infección, o es sometido por ejemplo a radiaciones, se podrán perder todas las células germinales pero raramente se verán afectadas las células de Leydig.

Para que esta fábrica testicular de espermatozoides funcione plenamente es necesaria la estimulación de dos hormonas, que serán el equivalente a la energía eléctrica de esa "fábrica".

Estas dos hormonas son la foliculoestimulante (FSH) y la propia testosterona. La FSH, fabricada a su vez en la hipófisis, cerca del cerebro, y la testosterona, actúan dentro del túbulo seminífero, permitiendo que las espermatogonias se dividan y den origen a las otras células que son precursoras de los espermatozoides.

Un hombre que carece de FSH no es capaz de fabricar espermatozoides. Si también tiene imposibilidad de producir la hormona testosterona, entonces no solamente no tendrá espermatozoides, sino que tampoco estará en condiciones de mantener relaciones sexuales.

Otra hormona para destacar relacionada con el buen funcionamiento del testículo, es la hormona Luteinizante (LH), que también es fabricada en la hipófisis, junto con la FSH. La LH es responsable de estimular a las células de

Leydig para que ellas respondan fabricando testosterona.

Estas tres hormonas comienzan a producirse en la pubertad, edad en la que el hombre inicia su despertar sexual y su producción de espermatozoides.

Los espermatozoides, luego de haber sido fabricados en los testículos, deben permanecer por aproximadamente 15 días en los epidídimos, que son unas pequeñas glándulas próximas a los testículos, donde deberán madurar y prepararse para ser capaces de fertilizar un óvulo. Es allí donde adquieren su mejor movilidad, tan importante para la búsqueda y penetración del óvulo.

Es importante tener en cuenta estos conceptos que ayudan a comprender por qué cualquier tratamiento destinado a conseguir aumentar la producción de espermatozoides en un paciente, debe prolongarse como mínimo por tres meses para dar tiempo a que se complete su fabricación.

Cuando se produce la eyaculación, los espermatozoides se juntan con el semen, que a su vez ha sido fabricado en la próstata, las vesículas seminales y las glándulas de Cooper y Littré. De todas, las glándulas más importantes son las vesículas seminales, que producen el 80% del total del semen.

Dijimos que los espermatozoides se juntan con el semen recién en el momento de la eyaculación y así llegan a la vagina para formar el lago seminal, del que hablaremos más adelante.

El pene, por su parte, es un órgano que envuelve a la uretra, tubo por el que circulan la orina y el semen. Está compuesto por los cuerpos cavernosos y el cuerpo esponjoso. Los cuerpos cavernosos son como globos desinflados que cuando el hombre se exita, se llenan inmediatamente con sangre y producen la erección. En la micción, es decir, cuando el hombre orina, se abren dos compuertas que son el esfínter externo e interno; en cambio, cuando el hombre eyacula, se cierra el esfínter interno, para evitar que el semen pase a la vejiga y pueda, en cambio, salir hacia el exterior.

Ella

El aparato reproductor femenino está integrado por los órganos genitales externos, la vulva, y los internos, que comprenden a la vagina, el útero, las trompas de Falloppio y los ovarios.

La vulva es una estructura que rodea la vagina y tiene en su parte superior una acumulación de grasa cubierta de vello pubiano, denominada monte de Venus.

La entrada de la vagina, protegida por la vulva, está circunscripta por los labios mayores y los labios menores. En la primera porción de la vagina, en su parte externa, se encuentra el himen, una membrana que pese a tener uno o más orificios en su parte central funciona como cierre de la vagina al exterior. Esta membrana se rompe con la primera relación sexual.

Delante de la vagina se encuentran la uretra y el clítoris, órgano eréctil de la mujer, de consistencia similar al pene, que es capaz de agrandarse de tamaño cuando se ingurgita durante una estimulación sexual.

La vagina tiene una forma cilíndrica, como un tubo, y tiene la particularidad de ser sumamente elástica, de manera de permitir el paso del bebé en el momento del parto. Este tubo tienen la función de unir la vulva con el útero.

El útero, a su vez, es una estructura formada por dos partes bien definidas: el cuello y el cuerpo uterino.

El cuello es la entrada del útero y tiene una función importantísima en la reproducción, que es la de fabricar una sustancia acuosa que se llama moco uterino. Este moco será usado por los espermatozoides para entrar al cuerpo uterino en su camino a las trompas de Falloppio, como ya explicaremos más adelante.

El cuerpo del útero, por su parte, tiene una longitud de aproximadamente 5 cm y es increíblemente elástico, para ser capaz de albergar un bebé en su interior. Está recubierto de un tejido muscular llamado miometrio, y por dentro está tapizado por unas células denominadas endometrio, donde deberá implantarse el embrión, al comienzo del embarazo.

Las trompas de Falloppio son dos estructuras tubulares, en forma de conductos, que se dirigen desde el útero hacia los ovarios y tienen la misión fundamental de recolectar el óvulo que cae del ovario para permitirle su traslado hacia el útero.

Terminan en una dilatación llamada pabellón que tiene unas fimbrias, que son como pelitos que capturan el ovocito. En realidad, a lo largo de toda la trompa existen esta suerte de pelitos, denominados cilias, que se encargan, con un suave movimiento, de hacer rodar al óvulo lentamente hacia el interior del útero.

Además, las trompas fabrican un líquido que es fundamental para la nutrición del óvulo y del embrión en sus primeros momentos, que transcurren dentro de la trompa, porque es allí donde, en condiciones normales, se produce la fertilización.

Los ovarios son las gonadas de la mujer, donde se fabrican los óvulos y donde se producen también varias hormonas sexuales. Los ovarios de un feto de cinco meses de desarrollo ya comienzan a fabricar óvulos, en una cantidad inusitada: aproximadamente 7 millones.

Con el tiempo van destruyéndose de forma espontánea en un proceso que se denomina atresia folicular, de manera tal que al nacimiento ya sólo quedan unos 400 mil óvulos y cuando la mujer llega a la pubertad, permanecen unos 40 mil óvulos en condiciones de ser ovulados.

Es en ese momento cuando la mujer es capaz de comenzar a ovular. En ese proceso, el ovario produce la maduración de varias decenas de óvulos pero solamente uno llega a madurar por completo y a ser ovulado, es decir, desprendido del ovario. Los demás quedan atrofiados en el camino. Por lo tanto, en cada ovulación, se han "desperdiciado" decenas de óvulos. Y eso pasa todos los meses.

Aproximadamente a los 50 años, la mujer ha agotado su reserva de óvulos y entra en menopausia, dejando de ovular y de menstruar.

Los óvulos son células de forma redonda que miden aproximadamente 120 micrones, lo que equivale a decir que son células muchísimo mayores que un espermatozoide. Los óvulos maduros tienen 23 cromosomas, al igual que los espermatozoides, pero siempre el cromosoma sexual es X; en cambio en el espermatozoide puede ser X o también puede ser Y. En síntesis, es el espermatozoide quien aporta la posibilidad de que el futuro embrión sea varón (XY) o sea mujer (XX).

La composición cromosómica de los óvulos debe ser

perfecta para que el embrión no tenga fallas genéticas, pero a medida que avanzan los años en la mujer, aumentan las posibilidades de que esta composición cromosómica sea alterada y de esta manera, se incrementa el porcentaje de bebés enfermos o de abortos espontáneos.

Vale señalar que la fertilidad en la mujer comienza a decaer a partir de los 35 años y a los 40 las posibilidades de tener hijos con enfermedades genéticas se incrementa en forma considerable.

Capítulo 3

Él, ella y el camino hacia ellos: la fertilización

El espermatozoide

Esta célula tan pequeña, que se mueve como un pececito, tiene una importancia capital en la reproducción humana: es la encargada de cargar con los 23 cromosomas provenientes del padre y aportarlos para que, una vez combinados con los 23 de la madre alojados en el ovocito, formen un nuevo individuo.

Todas las estructuras que componen el espermatozoide están diseñadas para permitirle alcanzar su objetivo. Tiene una cabeza, donde está alojado el núcleo, y éste contiene la carga genética del hombre.

Además, el espermatozoide presenta una cola, también llamada flagelo, que utiliza para "nadar" en búsqueda del ovocito. Este flagelo tiene cuatro piezas: una conectora, una intermedia, una principal y una terminal.

Un rasgo interesante del espermatozoide es que transporta una carga nuclear totalmente comprimida, de manera de hacer menos "bulto" a la hora de entrar en el ovocito.

Esa carga nuclear comprimida se llama cromatina, y al ser colocada dentro del ovocito se transforma en 23 cromosomas.

Sobre la cabeza, y a manera de un casco que cubre los dos tercios de ella, se encuentra el acrosoma, una estructura que se encarga de lograr que el espermatozoide se pegue a la membrana del ovocito y luego libere unos ácidos que la perforan y permiten ingresar al interior.

En la pieza intermedia del flagelo están alojadas las mitocondrias, que aportan energía al espermatozoide para que se mueva.

Por último, el flagelo en su parte principal cuenta con unos tubos muy delgados (microtúbulos) responsables del movimiento del espermatozoide.

Ella, el ovocito

Ovocito es sinónimo de óvulo. Además de la función de contener los 23 cromosomas de la mujer, el ovocito controla la entrada del espermatozoide.

Además, su citoplasma, es decir, su contenido, es el responsable de la formación inicial del embrión.

A diferencia de los espermatozoides, que continuamente se están fabricando, los óvulos ya están todos fabricados, pero quedan en el ovario, inmaduros, a la espera de la iniciación de los ciclos menstruales.

Cuando esto comienza a suceder, en la pubertad de la mujer, irá madurando un óvulo por mes, que caerá del ovario durante el proceso de ovulación.

Tanto el espermatozoide como el óvulo, hemos dicho, tienen solamente 23 cromosomas, a diferencia de todas las otras células del cuerpo, que tienen 46.

Los óvulos tienen siempre el cromosoma sexual X, en cambio los espermatozoides pueden ser X o Y.

La fertilización

Cuando el hombre eyacula, deposita el semen en el fondo de la vagina y allí se forma lo que se denomina el lago seminal. Los espermatozoides deben encontrar un medio acuoso para poder nadar y de esa manera, avanzar en su carrera hacia el ovocito.

Ese medio acuoso que les permitirá entrar al útero se llama moco cervical y está producido por el cuello del útero, sólo en los días previos a la ovulación.

Este cuello, también llamado cérvix, tiene dos orificios. El externo desemboca en la vagina y por allí cae el moco. Es por esa "cascada" que, contracorriente, suben los espermatozoides. Por otra parte, el cuello tiene un orificio interno que comunica con el útero.

Cuando esa "cascada" de moco se contacta con el lago seminal, los espermatozoides pueden nadar y avanzar hacia el interior del útero, siguiendo todo el recorrido del cuello.

Pocos minutos después de la eyaculación, los espermatozoides ya están subiendo y comienzan a entrar en la cavidad uterina. El útero, que mide unos 5 cm de longitud, está formado por un músculo poderoso, el miometrio, capaz de estirarse muchísimo durante el embarazo. En el interior de la cavidad, está recubierto por unas células que se llaman endometrio. Es allí donde deberá implantarse el embrión.

Los millones de espermatozoides van nadando por ese endometrio que recubre, como dijimos, al útero por dentro. De varias decenas de millones de espermatozoides eyaculados en el fondo de la vagina, solamente algunos millones serán capaces de nadar por el moco y arribar al útero; solamente los que tienen muy buena movilidad progresiva rápida, serán los que avancen, mientras que los demás quedarán en la vagina para morir en pocas horas.

Cuando están en el interior del útero, los espermatozoides comienzan a moverse con energía, de un lado para otro; y como están agotando sus reservas energéticas tienen que llegar cuanto antes al objetivo.

Al llegar al fondo del útero, algunos encuentran los dos orificios que les permitirán pasar a otro lugar trascendental de la mujer, que son las trompas de Falloppio. Estas estructuras son conductos que miden aproximadamente 10 cm y tienen como pelitos que facilitan el transporte del ovocito; además las trompas terminan en el pabellón y las fimbrias, que son una suerte de dedos que se ocupan de capturar el óvulo apenas se desprende del ovario. Una de estas dos trompas contiene el óvulo que se desprendió del ovario hace apenas unas horas, en el proceso denominado ovulación.

Algunos pocos miles de espermatozoides alcanzarán al óvulo que los espera en el tercio externo de la trompa. Comienzan a perder el casco que protegía su cabeza y preparan unas sustancias que son como ácidos, capaces de ayudarlos a agujerear la membrana del óvulo.

Son decenas los que se pegan y empujan para poder penetrar la membrana que recubre y protege al óvulo. Pero la selección de éste es implacable y solamente dejará entrar al más perfecto, al más fuerte.

En el preciso instante en que el mejor espermatozoide logró romper las defensas, el óvulo reacomoda los llamados gránulos corticales, que impedirán definitivamente el ingreso de otros espermatozoides.

Esta primera parte del camino concluye con decenas de espermatozoides que continuarán intentando entrar al óvulo. Pero su esfuerzo será inútil: están destinados a morir en pocas horas, atrapados en la membrana pelúcida, que como un tul, rodea y protege al ovocito.

La parte más emocionante de este proceso comienza en este preciso momento; la cabeza del espermatozoide comienza a hincharse misteriosamente, se rompe la carga genética almacenada en forma de cromatina, se transforma en 23 cromosomas.

Mientras tanto, el óvulo sigue avanzando por la trompa en dirección al útero, muy lentamente, dándole tiempo al espermatozoide para que haga su parte.

A partir de su cuello, éste fabrica una especie de vía de tren, que va a permitir avanzar a sus cromosomas.

A su vez, por esas vías, también avanzan los 23 cromosomas del óvulo. Es en ese momento que los cromosomas se pueden ver fácilmente con un microscopio porque se forman los pronúcleos.

A todo esto, ya pasaron más de 10 horas desde que el primer espermatozoide llegó al ovocito. Poco después se produce el primer hecho fundamental en la formación de la futura persona, los pronúcleos, que contienen los 23 cromosomas del espermatozoide y los 23 cromosomas del óvulo se tocan, se ordenan los diferentes pares de cromosomas para combinar perfectamente y se produce la llamada singamia. Éste es el primer momento donde la genética del hombre se mezcla y entrecruza con la de la mujer, formándose una célula con constitución genética diferente a la de los progenitores.

Apenas unas horas después, este ovocito pronucleado comienza a dividirse, es decir a partirse en dos células, cada una con 46 cromosomas. Ya estamos en presencia de un embrión de dos células.

La trompa, además de ser el puente de unión de las dos gametas, como ya hemos visto, es una glándula muy sofisticada, que fabrica unos líquidos muy nutritivos que alimentarán al embrión desde sus primeros momentos.

Es así que hasta aproximadamente el quinto día, el embrión permanecerá en ella y recién después caerá a la cavidad del útero para lograr la implantación. Para ese entonces, de tener sólo dos células, el embrión fue creciendo y multiplicando su cantidad de células hasta formar lo que se llama el blastocisto.

Hasta este instante, las células del embrión no tenían un destino prefijado, pero es a partir del blastocisto que todo cambia. Algunas células formarán el trofoblasto, que dará origen a la placenta, y otras se organizarán para formar el embrioblasto, que dará origen al futuro embrión y luego al bebé.

Este blastocisto deberá desprenderse de la membrana que lo envolvía y protegía desde la época en que era un ovocito, la zona pelúcida, y luego estará en condiciones de fijarse en el endometrio, esto es, la implantación.

La implantación del embrión es un momento muy importante, porque marca el inicio del embarazo.

Capítulo 4

Todo es historia: la primera consulta

Como en toda especialidad médica, el estudio de un paciente comienza con una exhaustiva y prolija historia clínica, que se puede dividir en dos etapas: el interrogatorio y el examen físico.

Lo primero que interesa de un paciente varón es su edad, aunque a diferencia de la mujer, este tema no incide tanto en el pronóstico de la fertilidad. Baste decir que la edad de la mujer es el dato más importante para predecir su capacidad de embarazo.

Otro tema central es su trabajo. Conocer en qué trabaja el hombre puede ser fundamental porque existen oficios o profesiones que son reconocidas como dañinas para la función testicular. Por ejemplo, aquellas que someten al varón a altas temperaturas como los panaderos, los que trabajan en grandes hornos metalúrgicos, etcétera.

También las radiaciones son muy peligrosas: quienes

trabajan con radiografías, o con soldadura eléctrica, están más expuestos a perder su fertilidad. Incluso deportistas como los corredores de bicicleta, tienen más predisposición para enfermedades prostáticas, que entre otras cosas, pueden traer aparejados problemas de esterilidad.

En la segunda parte de esta historia del paciente, se comienzan a consignar los antecedentes médicos de la familia: si hay otros casos de esterilidad en los parientes cercanos; si los padres son parientes entre ellos (primos hermanos, por caso) puede ser importante por la mayor incidencia de enfermedades genéticas en los hijos; los eventuales antecedentes de pérdidas de embarazo en la familia, o niños con enfermedades genéticas o malformaciones, pueden estar relacionados con el problema del paciente.

A partir de estos elementos se comienza a indagar en los antecedentes médicos del paciente. Interesa mucho saber si recuerda que le hayan comentado que al nacer tuvo dificultades para que los testículos descendieran a la bolsa (esta enfermedad se llama criptorquidia).

Hay una importante cantidad de chicos que tienen uno o los dos testículos no descendidos al nacer, y si continúan de esta manera pasados los dos años de vida, será prioritario consultar con el especialista para resolver el problema. Otra enfermedad muy frecuente son las paperas (es una enfermedad causada por un virus), que cuando afectan al hombre en su edad prepuberal (antes del desarrollo, es decir hasta los 12-14 años) no tienen riesgo; pero si lo afectan más adelante, por ejemplo entre los 16 y 20 años, suelen comprometer a los testículos produciendo una inflamación con consecuencias graves para su función.

También interesa conocer si el paciente tiene ciertas dolencias venosas como, por ejemplo, várices en las piernas o hemorroides, porque se asocian muy frecuentemente con una enfermedad que se llama varicocele y que es la causa más frecuente de esterilidad en el hombre.

El hecho de conocer sus antecedentes quirúrgicos, es decir, si lo han operado por algún motivo, es importante. Por ejemplo, si lo operaron para descenderle los testículos cuando era chico, o si tuvieron que corregir una hernia inguinal, son datos que pueden señalar los motivos de la infertilidad.

Hay hombres que sufrieron traumatismos o infecciones genitales que pueden ser responsables de una falla en la función de los testículos en el futuro. El hábito del tabaquismo o el uso de determinadas drogas, como la marihuana, también pueden afectar la movilidad de los espermatozoides.

Todos los antecedentes urinarios son importantes, porque se relacionan con mala calidad de espermatozoides; es decir que las infecciones urinarias o los problemas prostáticos, aunque sean leves, afectan la movilidad de los espermatozoides, dificultando su llegada al óvulo y a concretar el consiguiente embarazo.

Saber cuánto tiempo llevan intentando tener un hijo es muy importante y por supuesto, conocer si ocurrieron embarazos, abortos espontáneos o provocados, con la misma u otra pareja, es fundamental.

Lógicamente, se deben tratar estos temas en la intimidad y con la confidencialidad más absoluta. Las características de la vida sexual de la pareja son también un dato importante.

La frecuencia de las relaciones, la postura, los inconvenientes con la erección o eyaculación, la presencia o no de orgasmo en la mujer, saber si hay pérdida de semen poscoito, son indicios que se pueden relacionar con la esterilidad. Por otra parte, en numerosas ocasiones, los trastornos de la fertilidad provocan problemas en la relación sexual y es conveniente una orientación dirigida a recibir ayuda psicológica.

Por último, y llegando a la parte final de la historia clínica, se efectúa el examen físico detallado del varón. Interesa observar la distribución de la grasa corporal, las cicatrices de cirugías previas, pero fundamentalmente, examinar las características del pene: si tiene zonas de fibrosis, si hay algún tipo de fimosis (cuando la piel de la cabeza del pene no desliza bien) y si el meato uretral es normal (el lugar por donde salen la orina y el semen).

Luego se examinan los testículos, su tamaño y consistencia, ya que diversas enfermedades pueden afectarlos. Los epidídimos y los conductos deferentes, que son la vía de salida de los espermatozoides en su camino al pene, deben examinarse con mucho cuidado y detalle.

Es necesario palpar las venas del testículo teniendo al paciente acostado y de pie, buscando la presencia de una dilatación de ellas, que es el varicocele. En determinadas ocasiones, es conveniente realizar un tacto rectal para investigar el estado de la próstata.

Como se ve, el examen físico bien realizado suele aportar datos importantes al especialista en la búsqueda de las causas de la falta de fertilidad.

Luego de construida la historia clínica, se deben solicitar como mínimo dos espermogramas para conocer con detalle la función testicular. Además, y dependiendo de los casos, se solicitan otros estudios, como por ejemplo el Eco-

Doppler de los testículos y las arterias y venas espermáticas, los estudios hormonales, cultivos de orina y semen, microscopía electrónica, etcétera.

Con toda esta información, cuya obtención detallada y precisa puede demorar dos o tres meses, se tendrá el diagnóstico del problema y a partir de allí se podrá plantear cuál es la solución.

El espermograma

El estudio más importante que se puede efectuar a un hombre que consulta por esterilidad es el análisis de las características del semen eyaculado. Este examen, que se denomina espermograma, brinda información sobre la capacidad fértil del paciente a partir del análisis de la movilidad, la morfología y la cantidad de los espermatozoides observados en la muestra.

En el pasado, los científicos creían que el semen estaba integrado por pequeños proyectos de personas que iban a alojarse en el útero luego de la eyaculación, y que en la mayoría de los casos uno solo de todos ellos sería capaz de sobrevivir.

La primera persona que describió lo que halló en el semen fue Anthony Van Leeuwenhoek que, en noviembre de 1677, en una carta al Royal College of London relató sus hallazgos de unos "animáculos" vivientes en el eyaculado humano, a quienes también denominó "homúnculos" y "hombres preformados".

Hasta hace poco tiempo, como los estudios eran todavía ineficientes —ya que no detectaban gran cantidad de los defectos que pudiera tener el semen—, la mayoría de los casos de esterilidad eran atribuidos, en forma errónea, a problemas de la mujer.

El semen está compuesto principalmente por espermatozoides, células de la espermatogénesis que provienen de los testículos y células blancas o leucocitos. En personas sanas, estos últimos se encuentran en pequeña cantidad y aumentan cuando existe una infección.

Por otra parte, el líquido seminal está fabricado por las glándulas anexas que son, principalmente, las vesículas seminales y la próstata.

Es importante tener en cuenta que hay una gran variación de resultados entre una y otra muestra de semen de un mismo hombre, por lo que antes de llegar a una conclusión, deberán realizarse como mínimo dos estudios.

Hace ya unos cuantos años, alrededor de 15, un grupo de científicos estudió el semen de donantes voluntarios sanos, quienes se hicieron un espermograma cada quince días por espacio de un año. Con asombro, comprobaron que los resultados variaban de una muestra a otra y que la misma persona que una vez registraba muy pocos espermatozoides, volvía a contar con cifras normales a la vez siguiente.

Es que diversos factores como el estrés, la mala alimentación o el cansancio extremo, afectan negativamente los resultados del espermograma. La fiebre, por su parte, también juega en contra de los testículos. Si un paciente tuvo gripe o angina con fiebre unas semanas antes de realizarse el espermograma, verá que las cifras de cantidad y calidad de espermatozoides son más bajas que nunca y a los 30 a 60 días de haber sido realizado el examen se recuperan en forma espontánea los parámetros habituales.

La muestra de semen puede ser obtenida por masturbación o mediante una relación sexual en la que se utilice un preservativo de material especial que no dañe los espermatozoides.

Precisamente, el látex utilizado para la fabricación de preservativos produce inmovilidad en los espermatozoides y los mata si contiene, además, espermicidas.

Se deberá observar una abstinencia sexual previa de entre dos y cinco días y nunca deberá transcurrir más de una hora entre la obtención de la muestra y su análisis correspondiente.

LO QUE ABUNDA SÍ DAÑA

Hace muchos años, cuando yo recién comenzaba mi práctica médica como andrólogo se presentó una pareja consultando por esterilidad. Hacía aproximadamente dos años que estaban casados y nunca habían utilizado ningún método anticonceptivo. Cuando les pregunté cuál era la frecuencia con la que mantenían relaciones sexuales, el paciente me contó un poco avergonzado, que en realidad era "bastante intensa".

Al indagar con más detalle, terminaron diciéndome que desde que comenzaron a tener relaciones la frecuencia era de siete a diez por día... De inmediato supuse que el espermograma tendría que ser muy deficiente sencillamente porque el consumo de espermatozoides era mucho mayor que la producción.

En efecto, el espermograma indicó oligozoospermia severa, es decir 100.000 espermatozoides en total.

Les propuse un programa de "solamente" tres relaciones diarias y a los tres meses se realizó un nuevo espermograma, donde se observaron alrededor de tres millones de espermatozoides.

Entusiasmado con este logro, les propuse que tuvieran una frecuencia de relaciones de una vez por día, pensando que de esta manera conseguiríamos una mejoría mucho más evidente.

Desafortunadamente, un par de meses después, me llamó la mujer para contarme que había tenido que internar a su marido en una clínica psiquiátrica, con un diagnóstico de esquizofrenia, y que no podían seguir con el tratamiento.

Al margen de lo inusual de este comportamiento sexual (nunca más tuve un caso así), quedó bien en evidencia, que debe existir una frecuencia sexual determinada para con-- seguir la mejor calidad de semen.

¿QUÉ BUSCAMOS?

En el espermograma lo primero que se estudia son las características físicas del eyaculado, es decir, el volumen de líquido obtenido, el color, el olor y la mayor o menor viscocidad.

Luego se cuenta la concentración de espermatozoides y su movilidad; es también muy importante conocer cuál es la morfología de estos espermatozoides.

Además, deberán medirse las concentraciones de diversas sustancias que forman parte del semen y que no son fabricadas por el testículo sino que provienen fundamentalmente de las vesículas seminales y de la próstata.

Este estudio debe realizarse en un laboratorio correctamente equipado y con experiencia en el tema. Lo ideal es que posea la posibilidad de realizar un espermograma automatizado, es decir, donde el conteo de espermatozoides se realiza por computadora de manera objetiva y sin posibilidades de error.

La cantidad de semen, es decir el volumen del eyaculado debe ser de entre 2 y 5 centímetros cúbicos (cc), la cantidad de espermatozoides debe oscilar entre 20 y 250 millones por cc del eyaculado, es decir, que no deben ser menos pero tampoco más de lo establecido como normal.

Es aconsejable que se muevan por lo menos el 50% del total de los espermatozoides y de ellos, al menos la mitad con traslación lineal y rápida.

Cuando el volumen está por debajo de 2 cc se denomina hipospermia y en general es debida a una falla de las glándulas anexas, fundamentalmente las vesículas seminales, que son las que aportan alrededor del 80% del total del líquido seminal.

Si el volumen es mayor que 5 cc se denomina hiperespermia; estos casos no son frecuentes y dependen de una malformación de las vesículas seminales, que tienen mayor tamaño que el habitual.

Con una producción de espermatozoides inferior a 20 millones por cc de eyaculado, estamos en presencia de una oligozoospermia y si es mayor a 250 millones se denomina polizoospermia.

El caso donde directamente no hay ningún espermatozoide se denomina azoospermia.

Es importante saber que muchas veces no se encuentran espermatozoides en una primera observación del semen pero, si el laboratorista tiene suficiente experiencia, deberá centrifugar el semen con alta velocidad y luego, en el sedimento, frecuentemente será posible observar, algunos pocos espermatozoides. Esto se denomina criptozoospermia, es decir espermatozoides escondidos.

Cuando la movilidad de los espermatozoides está disminuida se llama astenozoospermia y si la falla está en la morfología se trata de una teratozoospermia.

Vini, vidi, vinci

Además del estudio básico del semen existen otros exámenes para estudiar los aspectos funcionales de los espermatozoides. Un hombre puede tener un volumen de eyaculado con una cantidad, movilidad y morfología normales y sin embargo ser completamente estéril, si la capacidad de sus espermatozoides para fertilizar los óvulos está disminuida o ausente.

De nada sirve que los espermatozoides lleguen hasta los óvulos si no pueden penetrar en su interior y formar un embrión.

Uno de los estudios más importantes para conocer esa capacidad es el test de Kruger, que consiste en observar los espermatozoides con un criterio muy exigente y clasificarlos de acuerdo con su forma.

Si el hombre tiene menos de 14 % de morfología normal, sabemos que su capacidad para fertilizar óvulos está comprometida. Está probado y publicado en numerosas oportunidades, que al utilizar este tipo de espermatozoides en una fertilización in vitro, no se consigue que los ovocitos fertilicen y se formen embriones.

El otro estudio importante para conocer esta capacidad fecundante es el MOST, que consiste en medir la movilidad de los espermatozoides y luego calentarlos a 40 grados para medir nuevamente la movilidad. A partir de la cantidad de espermatozoides que dejaron de moverse luego del calentamiento, conoceremos su capacidad fertilizante.

También puede suceder que, mediante un cultivo del eyaculado, encontremos contaminación en el semen, es decir, bacterias u hongos. En ese caso, se deberá hacer un estudio para saber cuál es el antibiótico más efectivo para matar esos gérmenes. La infección provoca mala movilidad en los espermatozoides.

En estos estudios los espermatozoides son observados con aumento de hasta 400 veces su tamaño normal, pero existen otros microscopios capaces de llegar hasta 60.000 aumentos y de esa manera podemos estudiar las características más delicadas de la composición del espermatozoide. Éstos son los microscopios electrónicos que permiten diagnosticar enfermedades espermáticas con gran exactitud. Tienen una indicación precisa para problemas que afectan directamente al espermatozoide, y nos posibilitan observarlo por dentro y analizar su constitución anatómica buscando defectos.

PARTE
II

Capítulo 5

Los problemas pretesticulares: cuando falla la energía eléctrica

Como se sabe, la fábrica de espermatozoides está en los testículos, pero como toda fábrica, necesita "energía eléctrica", algo que en el cuerpo humano está representado por las hormonas.

En concreto, las hormonas que estimulan a los testículos son las llamadas gonadotrofinas (gonado: testículos; trofinas: crecimiento): la FSH (hormona folículoestimulante) y la LH (luteinizante).

Ambas son fabricadas por una pequeña pero importante glándula que está alojada en el cerebro, llamada hipófisis. Esta glándula debe ser estimulada por la secreción de otra, todavía más diminuta, conocida como hipotálamo, y que fabrica a su vez una hormona denominada factor liberador de gonadotrofinas. Cuando el niño llega a los 12 ó 13 años, se incrementan estas hormonas, lo que produce la pubertad.

Otra hormona fundamental en el hombre, no sólo para la fabricación de espermatozoides sino también para permitir el desarrollo masculino (barba, voz, apetito sexual, etcétera), es la testosterona.

A diferencia de las anteriores, la testosterona se fabrica en el testículo; para ello, las células encargadas de su producción necesitan el estímulo de la LH hipofisaria.

Por último, es importante consignar, que otras hormonas como la prolactina y las tiroideas también tienen cierta importancia en el correcto funcionamiento de los testículos. La FSH es la responsable de estimular a las células madres de los espermatozoides, las espermatogonias, para que comiencen a fabricar espermatozoides.

La insuficiencia hormonal

¿Se puede nacer sin tener esas hormonas?

Puede suceder que un niño nazca con una enfermedad que consiste en la ausencia de gonadotrofinas, por lo que no se desarrolla masculinamente y no tiene espermatozoides. Esta enfermedad se llama hipogonadismo hipogonadotrófico.

Hay diversas variantes, pero todas tienen un denominador común: la azoospermia, es decir, la ausencia de espermatozoides.

La frecuencia de esta enfermedad es baja (uno en 7.500 nacimientos de varones) pero es relativamente común en la consulta por esterilidad.

La más frecuente es el Síndrome de Kallmann, donde, además de no tener espermatozoides, existe anosmia, es decir, pérdida del olfato.

Esta enfermedad es seis veces más común en hombres que en mujeres y está producida por un error de tipo génico, que no se observa en un cariotipo (estudio genético) convencional, sino mediante un estudio que se llama PCR del cromosoma X.

¿Cómo sé si mi hijo tiene esa enfermedad?
Se detecta fácilmente porque el niño no desarrolla su pubertad y los padres, preocupados, consultan con el pediatra.

En el examen físico se palpan testículos muy pequeños, el escroto (la bolsa que contiene los testículos) también es pequeña, el pene no consigue un buen desarrollo y el vello púbico está ausente.

Se le realiza un dosaje hormonal de gonadotrofinas en sangre y se hace inmediatamente el diagnóstico.

¿Qué se deberá hacer para que el niño sea igual que los demás?
Para lograr el desarrollo puberal sin problemas y mantener las características masculinas normales, se deberá administrar testosterona de por vida, con lo que el niño, y después el hombre, no tendrá ningún inconveniente en absoluto y se desarrollará perfectamente.

¿Y su vida sexual?
Será totalmente normal, en la medida que sea medicado con testosterona.

Pero, ¿y cuando quiera tener hijos?
Cuando llegue a la adultez, y quiera tener hijos, se de-

berá cambiar de medicación para permitir que sus testículos fabriquen espermatozoides.

El tratamiento consiste en la administración de las hormonas que necesita, las gonadotrofinas, por un plazo no menor de seis meses (en realidad, por lo general es más prolongado) y observaremos cómo va mejorando el espermograma, con la aparición de espermatozoides.

Estas hormonas se administran de manera inyectable, en la mayoría de los casos con una frecuencia de tres por semana.

Si el paciente no consigue embarazar a su mujer espontáneamente, podremos recurrir a la reproducción asistida para ayudarlos. Las posibilidades son muy buenas.

¿Estas enfermedades comienzan siempre en la niñez?

No siempre la falta de hormonas se produce desde la niñez. Ocurre a veces en la edad adulta, como consecuencia de tumores llamados craneofaringiomas y meningiomas.

En estos casos, el desarrollo puberal ocurrió normalmente y el diagnóstico de hipogonadismo hipogonadotrófico se hará sólo por el dosaje hormonal de la FSH y la LH.

¿Podemos decir que las perspectivas de estos pacientes son buenas?

En resumen, estas enfermedades que producen escasez de hormonas o ausencia completa de las mismas, no son muy frecuentes, pero tienen muy buen pronóstico con un correcto tratamiento.

Testimonio

Construyendo caminos

Quedé en encontrarme al mediodía con mi mujer pero he llegado adelantado como 15 minutos. Me senté a esperarla en un bar, ante una vista perfecta del movimiento de la calle.

Es imposible sacar de mi cabeza este tema que da vueltas y me come el cerebro desde hace tantos años, tantos...

No fui un mal alumno en el colegio primario, aunque a decir verdad, nunca me destaqué mayormente por aplicado; más bien, era un alumno desordenado.

Con el paso de los años me fui transformando en un chico muy popular, siempre dispuesto a la diversión, a la broma, a pasarla bien; un mundo donde no había mucho lugar para el estudio y el esfuerzo.

A pesar de todo, terminé la secundaria y decidí estudiar Ingeniería. Entonces, las cosas cambiaron, me interesó lo que hacía y yo mismo me sorprendí al ver mis resultados.

Todo estaba "bajo control" hasta que la conocí. De ahí en más volvieron los fantasmas.

Aquello que estaba dormido en el fondo de los fondos de mi mente, apareció con toda su fuerza y me sacó la paz. Me obligó a afrontar el problema y por primera vez resolví solucionarlo.

Alrededor de los doce o trece años empecé a notar que mis amigos parecían ser diferentes a mí; cada vez me costaba más seguir jugando con ellos al fútbol, me dolían más los golpes y veía que las diferencias físicas eran cada día más evidentes. Esta historia me empezó a intrigar y se lo conté a mi madre, porque la verdad es que tenía más confianza con ella que con mi padre, un hombre severo y demasiado alejado de mí.

Con ella fuimos a ver al pediatra, quien luego de revisarme de la cabeza a los pies, me hizo unos análisis de sangre cuyos resultados demoraron unos diez días.

Según el médico, me faltaban algunas hormonas, las gonadotrofinas...

En ese momento no entendí demasiado lo que pasaba. Sólo recuerdo que me recetó unas inyecciones que no me gustaron nada, pero como me aseguró que comenzaría a crecer y que pronto estaría como mis amigos, no me importó tanto y acepté que me pincharan.

Hoy sé que esas inyecciones eran de testosterona, y efectivamente al ver que me desarrollaba como los demás, me olvidé del tema.

Pasaron los años hasta que me enteré de que no podría tener hijos. En verdad, en ese momento no me afectó mucho. A los veinte años uno se lleva el mundo por delante y nada parece tan grave.

Pero, tiempo después, la esterilidad se hizo reincidente en mis pensamientos y comencé a evitar hasta la idea de tener novia, porque para qué, si igual no podríamos tener hijos.

Aprendí a vivir con ese secreto, doloroso pero ya bastante anestesiado y mi vida continuó. Nunca le conté este problema a nadie, ni a mi mejor amigo, que me acompaña desde el primario.

Yo trabajaba en una constructora de caminos. Uno de nuestros clientes tenía una hija preciosa, que fue con él algunas veces a las reuniones que tuvimos mientras evaluamos su proyecto; un día ella se acercó para dejar unos papeles y aproveché para invitarla a tomar un café; una cosa trajo la otra y terminamos de novios.

Por primera vez tuve que contar mi secreto a alguien y sentí un inmenso alivio al hacerlo. Me sorprendió su firmeza cuando sin vacilar me dijo que tendríamos que hacer una consulta con algún especialista en el tema que fuera reconocido internacionalmente.

Viajamos a Buenos Aires, tuve que realizar varios estudios, donde se comprobó que no había ningún espermatozoide en mi semen pero, a pesar de ello y para nuestra sorpresa, nos encontramos con un pronóstico muy alentador.

Tendría que suspender las hormonas con las que estaba medicado desde los doce años, esperar unos cuatro meses y recomenzar con otras por un lapso de seis meses.

Volvimos a casa y realicé el primer control de semen a los tres meses de comenzado el tratamiento. Con mucho entusiasmo vimos que por fin habían aparecido algunos espermatozoides; no podía creer que fuera cierto, por las dudas lo repetimos y nuevamente se hallaron espermatozoides.

El doctor nos recomendó que tuviéramos paciencia y que esperáramos tres meses más continuando con el tratamiento. Pasado ese tiempo volví a efectuarme un espermograma y aparecieron varios millones de espermatozoides móviles. No lo podíamos creer.

Hace aproximadamente dos meses, ella notó que se le atrasó el período. Hicimos la prueba de embarazo y, nunca podré olvidar ese momento, dio positivo: mi mujer estaba embarazada.

Esa enorme catedral que asoma ante mis ojos frente a la ventana del bar, me pareció muy pequeña cuando entró ella. O mejor dicho, cuando entraron ellos...

Es que hoy es un día muy especial. Hoy es el día en que haremos la primera ecografía de nuestro pequeño bebé.

Cuando salimos del bar, no pude evitar el orgullo: después de todo, he sido un buen constructor de caminos...

Las fallas testiculares: una cuestión de motor

Sin dudas, los problemas más frecuentes que producen esterilidad en el hombre son las enfermedades testiculares, es decir, aquellas que afectan directamente a la fábrica de espermatozoides.

Ayuda para bajar: la criptorquidia

Una enfermedad muy frecuente, que afecta a los niños, es la criptorquidia, es decir, la falta de descenso testicular (cripto: escondido, quidia: testículo).

¿Cuándo se produce esta enfermedad?

En determinado momento del desarrollo fetal, los testículos comienzan a ser fabricados en el abdomen del feto. Luego, espontáneamente, deberán descender por el conducto inguinal (la ingle) hacia el escroto, donde quedarán alojados.

Es bastante común que los recién nacidos no tengan los testículos en la bolsa escrotal pero la mayoría de ellos, al cumplir dos años, presentan ambos testículos perfectamente ubicados. Sin embargo, en algunos otros, el descenso no se produce y los padres consultan al pediatra.

¿Qué hay que hacer?

En estos chicos se debe esperar hasta los seis o siete años y luego proceder a bajarlos, primero con tratamiento hormonal y si no se logra, se deberá recurrir a la cirugía.

Aproximadamente el 30% de estos niños, a pesar de un correcto tratamiento, tendrá problemas de fertilidad en el futuro.

Es una causa muy frecuente de esterilidad en el varón y el semen de estos pacientes puede tener fallas en la movilidad o cantidad de espermatozoides, o directamente presentar azoospermia, es decir, ausencia de espermatozoides.

¿Cómo es el tratamiento?

La elección del tratamiento dependerá de cuán afectado esté el espermograma y también deberá tenerse en cuenta el nivel en sangre de ciertas hormonas, como la FSH (hormona folículoestimulante), pero en rasgos generales podemos decir que en algunos casos se intentará una estimulación hormonal, aunque con regular expectativa. En la mayoría se recurrirá a la reproducción asistida de baja complejidad (inseminación artificial) o de alta complejidad (fertilización in vitro o directamente ICSI).

Es importante agregar que si el hombre adulto tiene un testículo no descendido, los riesgos para desarrollar un tumor maligno aumentan mucho, por lo que se aconseja la extirpación del testículo criptórquido como prevención.

¿Afecta la vida sexual?

La criptorquidia no afecta nunca la vida sexual del paciente, porque no altera la función de las células testiculares de Leydig, que son las que fabrican la testosterona. Esto significa, que ningún paciente tendrá impotencia o problemas referidos al deseo sexual por sus antecedentes de criptorquidia.

EN LOS HOMBRES TAMBIÉN INFLUYE LA DILATACIÓN: EL VARICOCELE

La dilatación e insuficiencia de las venas del cordón espermático se llama varicocele. Es la enfermedad más frecuente como causa de esterilidad. En general, el hombre advierte que tiene algo "raro" en el escroto, incluso en ocasiones llega a doler, pero también puede pasar desapercibido por completo. Independientemente del tamaño del varicocele, la fábrica de espermatozoides puede verse afectada de manera moderada o severa. Entre el 15 y el 20% de los hombres tienen varicocele, pero cuando hacemos la estadística entre los que consultan para tener hijos, el porcentaje asciende al 40%.

¿Por qué produce esterilidad?
El varicocele daña al testículo por tres motivos.

En primer lugar porque la cantidad de oxígeno que llega al testículo con varicocele es menor que la normal y entonces hay hipoxia, que es nociva para la función testicular.

En segundo término, el varicocele aumenta la temperatura del testículo y esto le hace mal. Recordemos que los ovarios están dentro del cuerpo porque necesitan 37 grados para funcionar bien, en cambio los testículos están afuera porque requieren un grado y medio por debajo de la temperatura corporal.

Por último, el varicocele provoca un reflujo, o sea, la entrada de sustancias tóxicas al testículo y esto también lo perjudica.

Por la suma de estos tres motivos, la calidad del eyaculado de estos pacientes se ve afectada, en la cantidad, en la movilidad y/o en la morfología de los espermatozoides.

¿Cómo se diagnostica?
El diagnóstico se hace fácilmente con el examen físico del paciente y se corrobora con el Eco-Doppler de las venas

del testículo (venas espermáticas). En la mayor parte de los casos, el varicocele se produce del lado izquierdo, por una razón anatómica que facilita la insuficiencia de ese lado, pero puede ser también bilateral.

Si el varicocele es sólo derecho, habrá que tener mucho cuidado porque se puede tratar de un tumor renal que habitualmente se expresa de esa manera.

¿Cómo se trata?

Si el paciente tiene problemas en el semen, ya sea de cantidad, movilidad o morfología de espermatozoides, presenta un varicocele y se han descartado otras enfermedades que pudieran causar los problemas de semen (no se encuentra infección en el semen o trastornos hormonales en sangre), el tratamiento será quirúrgico. Es decir, que siempre se deberá descartar cualquier otra enfermedad que pueda estar causando lesiones en los espermatozoides y que nada tenga que ver con el varicocele.

¿Cómo es la operación?

La operación de las venas varicosas puede ser realizada de manera convencional, practicando una incisión en el conducto inguinal (ingle) o puede ser hecha por medio de una laparoscopía, que es mucho menos traumático, es decir, permite un posquirúrgico más agradable y extremadamente corto. Empleando esta técnica, el reposo en cama será de un día, contra siete días si se utiliza la cirugía convencional.

Por otra parte, el paciente podrá reintegrarse a su vida deportiva —si es que la tiene— casi de inmediato, mientras que con el método convencional deberá aguardar aproximadamente un mes.

El procedimiento quirúrgico consiste en anular las venas enfermas y de esa manera obligar a la sangre que sale del testículo a elegir otras venas que estén sanas.

Luego de la varicocelectomía (curación del varicocele) se deberá esperar un período de seis meses, ya que éste es el tiempo necesario para que los testículos comiencen a mejorar.

Aproximadamente el 50% de los pacientes mejoran su espermograma y la mayoría de éstos embaraza a su mujer. En los casos en que no sea así, se deberá recurrir a la reproducción asistida.

Testimonio

LA PERSISTENCIA

A mediados de 1988 conocí a Silvia, con quien me casé en 1989.

En realidad, mi vida matrimonial no comenzó allí.

Antes había estado casado y mi mujer, con quien tuve a mi hija Claudia, falleció. Fue difícil, muy doloroso, recuperarme de ese golpe, pero pude sobrellevarlo, en especial porque mi nena me necesitaba y yo no perdí mi confianza en Dios.

Intenté nuevamente formar una familia, volví a casarme, y llegaron Gastón y Diego. Pero la vida tiene sorpresas de las buenas y de las otras, y cuando la convivencia se hace difícil, a veces, llega la separación. Ése fue el caso con mi segunda esposa.

Pero volví a intentarlo con Silvia.

En realidad, con ella nunca nos cuidamos para evitar un

embarazo, pero esto no sucedía, lo cual no dejaba de llamarnos la atención. Queríamos tener hijos, pero no lo lográbamos...

Hablamos el tema y decidimos consultar a un ginecólogo, creyendo que el problema lo tenía ella ya que yo tenía tres hijos, pero a pesar de hacernos varios tipos de análisis y tratamientos no tuvimos éxito.

A raíz de una recomendación, llegamos al doctor Santiago Brugo Olmedo.

En aquellos días sucedió algo que me pareció premonitorio: fuimos a la casa de una pareja que tenía una hija. Nos contaron que el embarazo de ella había sido por medio de ICSI, precisamente en el CEGyR. Silvia no pudo contener las lágrimas y apuramos la consulta.

Para mi sorpresa, los estudios señalaron con claridad que el problema lo tenía yo —como dije, padre ya de varios hijos— y no mi esposa. Se trataba de una enfermedad llamada varicocele, operable, pero que requería seis meses de recuperación.

Yo estaba dispuesto a operarme, pero no a esperar esos meses: estábamos en 1994, yo tenía 56 años y luego de charlarlo con Silvia, iniciamos un tratamiento de fertilización, concretamente, un ICSI.

Estábamos convencidos de lo que hacíamos, tras reuniones con los profesionales del instituto, que nos fueron respondiendo nuestros interrogantes y despejando dudas.

Llegamos a la conclusión de que los médicos, en definitiva, intervendrían para lograr el encuentro entre el óvulo y el espermatozoide, y luego sería la propia naturaleza quien continuara el trabajo, como de costumbre, desde el inicio de los tiempos.

Recuerdo que era sábado por la noche cuando nos llamaron para avisarnos que el análisis de embarazo había dado positivo. Pero *el lunes siguiente comenzaron las sombras: el embarazo se perdió.*

Fue un golpe, es cierto, pero no nos dejamos caer, sin embargo, porque sabíamos que la pérdida estaba entre las posibilidades. Y lo intentamos de nuevo. En este caso, el proceso fue más rápido porque estábamos más "cancheros", sabíamos de qué se trataba y no había dudas. Lo importante era que el deseo de tener un hijo estaba intacto.

Y otra vez llegó el gran día, el de la transferencia, que se produjo el 5 de mayo de 1995, justo cuando cumplíamos seis años de casados.

Es imposible relatar lo que pasó en nuestro interior cuando se confirmó el embarazo positivo. De ahí en más, lo más importante ocurrió el 9 de enero de 1996, cuando nació Florencia, nuestra bebé.

Hoy, al escribir estas líneas, no puedo dejar de pensar en que esta nueva experiencia, a mi edad, me demostró que cuando Dios quiere, la vida ofrece una oportunidad, y no hay que dejarla pasar.

Cuidado con las paperas en la pubertad: la orquitis urliana

Las paperas afectan generalmente a los niños antes de la adolescencia, es decir, antes de los 12 ó 13 años.

¿Siempre es importante?

Esta enfermedad virósica no tiene mayor importancia salvo que afecte al paciente más allá de la pubertad, o sea, al comienzo del desarrollo.

En este caso, puede producir una inflamación de los

testículos que se llama orquitis urliana, que muy frecuentemente afecta la fabricación de espermatozoides, y el paciente presenta un semen muy anormal.

¿Incide mucho en el espermograma?

El cuadro de semen más típico como consecuencia de la orquitis urliana es la azoospermia, es decir, la ausencia de espermatozoides.

Luego de la enfermedad, el o los testículos afectados por la inflamación aparecerán mucho más pequeños y con una consistencia muy disminuida.

Las lesiones que quedan como consecuencia son irreversibles. Deberemos decidir la conducta de acuerdo con la calidad de semen que presente el paciente, sin expectativa de mejorarlo, por lo que no le haremos perder tiempo y recurriremos a la reproducción asistida de baja o de alta complejidad, según sea necesario.

¿Podemos prevenir esta enfermedad de alguna manera?

La prevención de esta complicación de las paperas, que es la inflamación testicular, consiste en indicar al paciente que guarde un reposo muy estricto durante todo el tiempo que dure su enfermedad; de esta manera, la mayoría de las veces, las paperas no afectarán los testículos.

Números, letras y estructuras: las enfermedades genéticas

Hoy se reconoce que son una causa muy frecuente de esterilidad en el hombre. Todas las células de nuestro cuerpo tienen una composición genética de 46 cromosomas, es decir, 23 pares de cromosomas, uno de esos pares es el par sexual, en el hombre XY y en la mujer XX.

Existen dos tipos de errores que pueden ocurrir en la composición genética: los errores numéricos y los errores estructurales.

Los primeros se refieren a una cantidad anormal de cromosomas, es decir, cuando a una persona le sobra o le falta uno a más cromosomas.

Los errores estructurales definen los casos en los que a un individuo no le faltan ni sobran cromosomas pero están mal ordenados, y por ejemplo, un cromosoma 13 (todos tienen número) está alojado en el lugar del 14 y viceversa: esto se llama traslocación de cromosomas. El Síndrome de Down, por ejemplo, está producido por la aparición de un cromosoma de más, el número 21.

¿A todos los hombres que tienen una enfermedad genética se les nota?

Hay un gran grupo de enfermedades cromosómicas que no son aparentes, porque no producen ninguna manifestación en el cuerpo o la mente de los pacientes que se pueda notar a simple vista, y sin embargo pueden traer esterilidad.

Ésta se produce porque esos hombres son portadores de oligozoospermia o azoospermia como consecuencia de esa enfermedad genética. Existen enfermedades genéticas en el hombre que no le producen esterilidad, sino infertilidad en su esposa, es decir, pérdida del embarazo, por lo general en el primer trimestre.

En los últimos años, se descubrió que el hombre podía ser estéril por pequeñísimos defectos en el cromosoma Y, que se llaman microdeleciones (deleción: ausencia o falta).

Desde ese momento, muchos hombres que tenían azoospermia sin causa aparente, pudieron conocer cuál era el origen de su problema, con otra consecuencia muy importante: si el hombre llega a ser padre, todos los problemas en el cromosoma y se trasmitirán a sus hijos varones.

La enfermedad genética más frecuente como causa de esterilidad en el hombre es el Síndrome de Klinefelter.

Esta enfermedad, descripta por el científico norteamericano Harry Klinefelter, consiste en la presencia de un cromosoma X de más; es decir, que el cariotipo (estudio genético en sangre) de ese hombre es 47, XXY, en lugar de ser 46, XY, que es el normal.

El paciente que tiene ese síndrome presenta algunos otros signos y síntomas que lo caracterizan. El más notorio es la completa atrofia de ambos testículos. Cuando lo examinamos, notamos que los testículos son muy pequeños y extremadamente duros, con la consistencia de la aceituna.

En algunos casos, la distribución de la grasa corporal tiene un patrón ginecoide, es decir que las caderas son algo más prominentes que lo habitual en los varones; también puede ocurrir un crecimiento de las mamas, algo más abundante que lo normal.

Quienes padecen esta enfermedad por lo general son varones de gran altura. Al analizar el espermograma, indefectiblemente encontramos azoospermia.

En el estudio hormonal, podremos verificar que las hormonas gonadotrofinas (es decir la FSH y la LH) están muy por encima de los valores esperables.

¿Estas enfermedades tienen algún tipo de solución?

Hasta hace muy pocos años, la expectativa de fertilidad de estos hombres era nula. Hoy, gracias a las técnicas de fertilización asistida, podemos decir que son más que aceptables.

Al paciente se le explica debidamente lo anteriormente expuesto y luego le aconsejamos realizar la biopsia testicular bilateral, porque en casi el 50% de los casos, encontramos algunos pocos espermatozoides que nos servirán, una vez congelados convenientemente, para intentar más adelante, un embarazo por medio de la técnica de fertilización in vitro.

Mi equipo publicó hace ya varios años uno de los primeros nacimientos de mellizos sanos de una pareja que consultó por esterilidad en la que él era portador de una azoospermia por un Síndrome de Klinefelter.

A partir de entonces, no se ha reportado ningún nacimiento de niños con defectos genéticos o con malformaciones, entre los chicos nacidos de padres con esta enfermedad.

Cuando el paciente es portador de una traslocación (falla estructural), como por ejemplo la traslocación 13, 14, puede haber oligozoospermia pero también riesgo de tener abortos espontáneos o hijos malformados

Otra alteración genética que con frecuencia trae aparejadas dificultades o imposibilidad para tener hijos, es la presencia de las microdeleciones del cromosoma Y.

Para diagnosticar esta enfermedad no alcanza con el cariotipo convencional, sino que debe realizarse lo que se llama PCR, es decir un estudio muy detallado de la estructura del cromosoma Y, buscando la ausencia de alguna parte de éste.

¿Las enfermedades genéticas son frecuentes?

Aproximadamente dos de cada diez hombres con azoospermia o con oligozoospermia severa, son portadores de una enfermedad genética, por lo que su estudio es imprescindible.

En general, ¿consiguen tener hijos?

Es muy importante hacer una consulta con un genetista clínico, que orientará a la pareja y al especialista sobre los riesgos para la descendencia en ciertos casos. Como vimos, el pronóstico por lo general es bueno.

LOS TRAUMATISMOS Y LAS INFECCIONES GENITALES Y URINARIAS

A veces los pacientes tienen antecedentes de traumatismos en la infancia o de más grandes, que pueden tener repercusiones en la edad adulta.

Es importante llegar a saber si el traumatismo requirió reposo, si hubo inflamación del o de los testículos, cuánto tiempo duró, etcétera.

¿Las inflamaciones son una causa importante de esterilidad en el hombre?

La inflamación testicular suele ser peligrosa porque al curarse puede dejar secuelas de fibrosis intratesticulares que comprometan la función o la permeabilidad de los tubos seminíferos testiculares.

¿La infección siempre se produce en el testículo?

No, las infecciones pueden producirse en las glándulas anexas, que son fundamentalmente las vesículas seminales y la próstata; es una enfermedad que afecta a casi el 15% de los hombres que consultan por esterilidad.

¿Afectan al semen?

Este tipo de infecciones pueden deteriorar el semen de manera diversa. Algunas veces causan oligozoospermia, otras veces astenozoospermia y en ocasiones teratozoospermia o la combinación de algunos de estos síntomas. Muchas veces, el hombre llega al consultorio del andrólogo luego de haber tenido y curado una infección genital. Para ese entonces de nada sirven los antibióticos.

Los gérmenes ya han desaparecido, pero las secuelas, es decir, las consecuencias, pueden ser determinantes inclusive de la falta total de espermatozoides en el semen, ya sea porque la vía de salida de los espermatozoides quedó obstruida por la infección o porque directamente el testículo quedó "inservible" luego de sufrir la atrofia posinfección.

Para efectuar el diagnóstico de infección en el semen, debemos recurrir al cultivo de semen y orina. En este cultivo hay que encontrar bacterias en suficiente cantidad; por otra parte, buscaremos signos de infección en el clásico espermograma, esto es, contaremos la cantidad de leucocitos (células blancas), y también nos interesará a veces, depende de los casos, explorar la próstata.

Cuando solicitamos un cultivo de semen, es muy importante que el paciente esté avisado de que debe ser muy cuidadoso en el manejo del eyaculado para evitar contaminaciones que nos den un diagnóstico erróneo.

Además de la palpación de la próstata, muchas veces será recomendable una ecografía prostática transrectal, que es un estudio que, realizado en forma correcta, es muy ilustrativo.

Cuando las glándulas anexas están infectadas, o han quedado con su función "resentida" por una infección ya pasada, se altera el medio ambiente del espermatozoide, porque las secreciones de estas glándulas son las que forman el semen.

En estos casos, se altera la membrana del espermatozoide, lo que lleva a una disminución de su capacidad fertilizante. La medición de ciertas sustancias en el espermograma nos indicará cuál es la glándula afectada; por ejemplo, si está disminuida la fructosa, sabremos que las vesículas seminales tienen problemas, si lo que está por debajo de lo normal es el ácido cítrico, entonces buscaremos el problema en la próstata.

¿Cuál es el tratamiento?

Para el tratamiento, el especialista deberá tener en cuenta qué gérmenes están presentes, luego del cultivo de semen y orina, y cuál es el antibiótico de elección de acuerdo con cada caso.

RADIACIONES Y CITOSTÁTICOS

Las radiaciones ionizantes son altamente nocivas para el testículo porque inhiben la producción de espermatozoides.

Durante los años cincuenta, se hicieron experimentos clínicos en personas detenidas en cárceles de Estados Unidos, a quienes se les efectuó un espermograma, luego se les aplicó diferentes dosis de radiaciones y se les controló posteriormente el semen e incluso se les efectuó una biopsia de testículo.

Se comprobó que las radiaciones son dañinas para el

testículo y que la dosis (es decir la cantidad administrada) es muy importante para el pronóstico de reversibilidad.

Esto significa que de acuerdo con la cantidad de radiación que hubo que efectuarle a un paciente que tiene, por ejemplo, un cáncer de testículo, será la posibilidad de que el daño sea reversible y el semen vuelva a la normalidad. También debemos tener en cuenta, que puede suceder que se produzca un daño en los cromosomas de las células madres de los espermatozoides sobrevivientes. Esto puede afectar a la descendencia.

¿Y los citostáticos?

Algo similar puede producirse como consecuencia de la medicación para el cáncer (los citostáticos).

Ellos pueden producir lesión testicular de la misma manera que las radiaciones. En ambos casos, es fundamental que el profesional que está tratando al paciente con cáncer, aconseje congelar semen para ser utilizado en el futuro, ya que como explicamos, muchas veces el paciente luego de las radiaciones o de los citostáticos puede quedar azoospérmico.

Los inconvenientes postesticulares: un tratamiento de conducto

LA OBSTRUCCIÓN DE LOS EPIDÍDIMOS O DE LOS CONDUCTOS DEFERENTES

¿Cuáles son los problemas que puede tener el epidídimo?

Una de las afecciones más comunes del epidídimo es la inflamación o la infección, que en ambos casos se denomina: epididimitis.

El paciente con esta enfermedad siente mucho dolor y observa un agrandamiento e "hinchazón" de la zona testicular.

¿Por qué ocurre?

Esta epididimitis puede ser causada por un traumatismo en la zona (por ejemplo una patada o un pelotazo en los genitales), por bacterias, o·incluso por el bacilo de la tuberculosis (epididimitis tuberculosa).

Por lo general el dolor cede en un par de días, cuatro o cinco como máximo, pero la seriedad del cuadro está dada por las consecuencias.

¿Cuáles son las consecuencias?

El epidídimo es tan delgado que generalmente el proceso de curación lleva aparejada una fibrosis de la zona, que obstruye totalmente la luz del tubo epididimario.

Esta obstrucción impide que los espermatozoides de ese testículo puedan pasar en su camino al exterior. Si ocurre en ambos epidídimos, el paciente quedará azoospérmico. El volumen del eyaculado no cambia, no es mayor ni menor, porque, como hemos dicho, el semen es fabricado por las glándulas anexas a los testículos, que son las vesículas seminales y la próstata.

Es decir que el hombre que tiene ambos epidídimos obstruidos totalmente, no tiene espermatozoides (es azoospérmico) pero eyacula normalmente.

¿Y los deferentes?

La obstrucción de los conductos deferentes puede ser consecuencia de una infección o inflamación, deferentitis, o ser la consecuencia de una iatrogenia médica (error médico) luego de una operación por hernia inguinal (hernirrafia inguinal bilateral) en niños de corta edad, principalmente.

Al igual que en el caso anterior, el volumen del eyaculado no cambia pero el paciente tiene azoospermia.

¿También se afectan los testículos?

Tanto en el caso de la obstrucción bilateral de los epidídimos, como en la de los conductos deferentes, el tamaño de los testículos es totalmente normal, y su función como generadores de espermatozoides se conserva casi en su totalidad.

Se siguen fabricando espermatozoides, que son fagocitados por las células blancas. De todas maneras, la producción testicular se vuelve más lenta.

¿Qué se puede hacer en estos casos?

Cuando la obstrucción del epidídimo o del conducto deferente ocurre en un solo lugar, es decir, no toma todo el tubo, la cirugía es aconsejable y la expectativa de curación, sobre todo en el caso de los deferentes, es muy buena. Las operaciones para desobstruir los deferentes son exitosas en el 80 ó 90 % de los casos, aproximadamente.

En cambio, en caso de que la inflamación o infección tomara toda la extensión del epidídimo o del conducto deferente, no habrá posibilidades de curación con la cirugía.

Este tipo de operaciones se debe realizar con lupa o microscopio operatorio y utilizando hilos para suturar que son tan delgados como un pelo.

La vasectomía

La obstrucción voluntaria de los conductos deferentes, con fines de contracepción se denomina vasectomía. Consiste en la ligadura o coagulación de ambos conductos deferentes, que son los tubos que permiten el pasaje de los espermatozoides desde el testículo hacia el pene.

Esta cirugía es menor y puede realizarse perfectamente con anestesia local. Requiere sólo unas horas de internación y dos o tres días de reposo en internación domiciliaria.

La vasectomía no tiene efectos secundarios, no altera la eyaculación ni la función sexual.

En la Argentina esta práctica está penada por la ley, pero en la mayoría de los países es aceptada como método de anticoncepción de rutina.

La falta de los conductos deferentes

Una enfermedad muy frecuente, causante de esterilidad en el varón, es la agenesia congénita bilateral de los conductos deferentes.

Esto significa que el niño nace sin los conductos deferentes, pero con testículos totalmente normales.

En general el diagnóstico se hace ya de grande, cuando el hombre quiere tener hijos y no llegan, consulta al especialista y efectúa un espermograma. Este espermograma muestra azoospermia, es decir que no hay ningún espermatozoide.

¡Cuidado con esta enfermedad!

En realidad esta enfermedad es parte de otra mucho más importante que se llama fibrosis quística de páncreas.

Esta afección, por lo general mortal, es la consecuencia

de la falla en un gen de un cromosoma, lo que se denomina mutación.

Cuando esta mutación se produce, el niño nace con esta terrible afección que, entre otras cosas, le produce asfixia por tener los pulmones cargados de secreciones.

El diagnóstico se efectúa con un análisis genético en sangre, llamado PCR, pero una manifestación mucho menor de esa enfermedad es la falta o agenesia de los conductos deferentes.

¿Cómo sabemos que no hay conductos deferentes?

Al estar ausentes los conductos deferentes, también faltan las vesículas seminales (como dijimos, las principales productoras del semen), porque tienen el mismo origen embriológico que los deferentes.

De esa manera, cuando el hombre eyacula, el volumen del líquido seminal es mínimo, ya que sólo tiene la próstata para fabricarlo.

En el examen físico del paciente podremos constatar que los testículos son por completo normales en tamaño y consistencia, pero no alcanzamos a identificar los conductos deferentes, que se palpan habitualmente como hilos de pescar.

Lo primero que debemos realizar con este paciente es otro espermograma. Tendremos que observar con cuidado los valores de fructosa y de ácido cítrico.

Recordemos que la fructosa es una sustancia fabricada por las vesículas seminales, y si el paciente no las tiene, como parte de su enfermedad, no encontraremos fructosa en el espermograma.

Por otra parte, el ácido cítrico es provisto por la próstata, que no tiene en esta enfermedad ningún problema, por lo que la cantidad en el semen es totalmente normal o incluso está aumentada.

¿Qué hacer ante este problema?

En estos casos de ausencia de conductos, la solución es la punción de los epidídimos con el fin de conseguir los espermatozoides necesarios para realizar una técnica de fertilización in vitro con ICSI.

¿Cuál es el pronóstico?

Conseguiremos espermatozoides en todos los casos, porque como dijimos, los testículos son totalmente sanos. En síntesis, el pronóstico es muy bueno.

LA AUSENCIA DE LA EYACULACIÓN

¿Cuáles son las causas?

Existen diversas afecciones que pueden llevar a la incapacidad de eyacular. Algunas, las más frecuentes, son de origen neurológico, y otras de origen psicológico.

El paciente siente o no el orgasmo, pero en ninguna ocasión es capaz de producir un eyaculado.

Puede ocurrirle esto desde sus primeras relaciones sexuales o ser una enfermedad que comienza más adelante.

La anaeyaculación más frecuente es la de origen neurológico.

A su vez, existen dos situaciones diferentes: por un lado están los pacientes que sufrieron un accidente que les seccionó la médula espinal y están con una paraplejia o cuadriplejia que les impide caminar y en la mayoría de los casos eyacular.

Por otro, hay hombres que fueron operados por tumores abdominales y que han curado, pero que como consecuencia indeseable de la cirugía quedaron con la imposibilidad de eyacular.

¿La anaeyaculación puede ser psicológica?

Sí, hay pacientes que sufren un tipo de neurosis que les impide eyacular, aunque por lo general tienen orgasmo.

¿Qué se puede hacer?

Para los casos neurológicos, podemos comenzar con cierta medicación oral que puede ayudar a que el paciente consiga eyacular. En general son antidepresivos que no se indican por ese motivo sino porque, como efectos colaterales, mejoran la eyaculación.

Si no ha sido suficiente con la medicación, recurriremos a los vibradores, que aplicados cerca de la cabeza del pene o en la zona perineal, pueden provocar la eyaculación.

Pero el método más eficaz de todos, es sin dudas la electroestimulación.

¿Qué es la electroestimulación?

Es un método por el cual pasamos una cierta, pequeña y controlada energía eléctrica en la zona prostática, a través de un electrodo rectal, y conseguimos en muy pocos minutos, en casi todos los casos, que la eyaculación se produzca.

Si el paciente tiene una sección medular completa no hay necesidad de utilizar ningún anestésico. En los casos en que la anaeyaculación está producida por otro tipo de lesión neurológica, como explicamos, o es de origen psicológico, deberemos usar anestesia general.

Las anaeyaculaciones psicológicas deben ser tratadas psicológicamente, en primer lugar, y sólo si este tratamiento fracasa, se recurrirá a la electroestimulación.

Una vez obtenido el semen, procederemos a preparar los espermatozoides para una técnica de reproducción asistida, que será de baja o alta complejidad dependiendo de la calidad de los espermatozoides obtenidos y de las condiciones de la mujer.

¿Alguna recomendación especial en estos casos?

Es fundamental, en los discapacitados neurológicos, que la orina se conserve clara, libre de infección, porque ésta afecta grandemente la calidad de los espermatozoides.

¿Tienen buen pronóstico?

El pronóstico es muy bueno, depende fundamentalmente de la edad de la mujer.

Testimonio

LA VOLUNTAD

"Ahora te la doy"... Esa frase es lo único que puedo recordar antes del golpe fuerte que sentí en el costado de mi cuerpo. Ni siquiera recuerdo el ruido del disparo a quemarropa. El ladrón corrió junto a dos cómplices para perderse en la oscuridad.

Han pasado 8 años desde entonces y Santiago, mi hijo, está a mi lado mirándome mientras escribo.

Aquel día, dos antes de cumplir 25 años, salía de la casa de un cliente, en San Fernando, cuando mi vida cambió para siempre de manera brutal.

Realmente al principio no sentí dolor, pero cuando quise moverme mis piernas no me obedecieron. A partir de entonces gran parte de mi vida transcurre en una silla de ruedas.

Gabriela, mi novia, con quien estábamos juntos desde dos años antes de que me dispararan, se transformó en un ángel. Ella trabajaba en un colegio como maestra de niños de corta edad y venía todas las noches a darme ánimo y acompañarme.

Yo la esperaba ansioso, porque ella era la fuerza que me permitía seguir allí, en la cama, lleno de tubos, dolorido y con la terrible noticia de que no volvería a caminar.

Tiempo después me enviaron a ALPI; era junio de 1987. Allí comenzó otra etapa difícil de mi vida, tuve que aprender a sentarme en la cama, a lavarme, a manejar una silla de ruedas. Mi novia siguió acompañándome todos los días, haciéndome sentir un hombre feliz entre tanta tristeza.

Aprendimos a vivir el día a día. Nada de grandes planes, prioridad uno: sobrevivir, mejorar, salir adelante. Mucha gente me ayudó, me dio algo, pasó por mi vida dejándome lo que tenía, su conversación, sus bromas, sus consejos, su tiempo. Estuve un año internado en ese lugar.

Hasta ese momento, la silla de ruedas que usaba era prestada. El día que recibí mi propia silla de ruedas perdí la última pequeñísima esperanza que guardaba en mi corazón de volver a caminar. Por fin supe que lo mío era definitivo, que nunca más. Por esos tiempos cumplí los 26 años.

En aquella época, tener un hijo ni se me había ocurrido: tenía demasiado con mi vida como para pensar en otra. Sin embargo, Gabriela había pensado varias veces en eso, sin de-

círmelo. ¿Cómo sería el futuro, si decidíamos casarnos? ¿Era la adopción la única salida? Interrogantes que ella tenía y a los que yo, durante un tiempo, fui ajeno.

Me fui a vivir a la casa de mis padres. En el fondo, mi papá construyó un taller para mí, para que pudiera trabajar en electrónica. Durante bastante tiempo seguí yendo a domicilio, subiendo escaleras como me habían enseñado, metiendo la silla en ascensores diminutos, con mi viejo atrás cargando la caja de herramientas.

Y llegó el día en que decidimos casarnos. La iglesia estaba llena, todo el mundo lloraba, y nosotros más que nadie. Nos aplaudieron, yo estaba bien nervioso pero era el hombre más feliz de la tierra. Los sufrimientos quedaban atrás.

Las preguntas que Gabriela se había hecho sobre la posibilidad de tener un hijo se transformaron en una decisión. Nos pusimos en campaña para buscar el hijo. Averiguamos en varios lados cómo solucionar mi problema de falta de eyaculación. Ya sabía que casi todos los que están en silla de ruedas como yo, no pueden sacar el semen.

Después de mucho andar y preguntar, llegamos a nuestro doctor, que con un electroestimulador me permitió conseguir lo que según muchos no era factible. Hicimos una fertilización in vitro. Al poco tiempo, el corazón de Santiago comenzó a latir en la panza de Gabriela.

¿Cómo podría terminar este relato?¿Agradeciendo a Dios por haberme dado la posibilidad de formar una familia pese a la adversidad? En parte sí.

¿Agradeciendo a Gabriela por ser mi ángel? También.

¿Agradeciendo a Santiago por su mirada? Por supuesto.

El amor permitió que no me rindiera.

¿Cómo podría terminar este relato? Así, sin más, porque
Santiago, quiere jugar conmigo ahora, ya mismo... y yo también.

Los problemas inmunológicos

Existen situaciones en las que se producen anticuerpos
antiespermatozoides en el semen. Estos anticuerpos generalmente tienden a inmovilizar o disminuir la velocidad de los
espermatozoides. Pueden ser diferentes anticuerpos, se pegan
a la superficie del espermatozoide y son de difícil tratamiento.

Habitualmente se utilizan corticoides con la esperanza
de reducir la reacción del organismo (que es el que está fabricando los anticuerpos) pero en dosis bajas, porque existen
ciertos riesgos (úlcera gástrica, lesiones en los huesos) con
la utilización de corticoides en altas dosis.

En la actualidad prácticamente no se recurre a estos
tratamientos, sino que se aconseja reproducción asistida,
por ser más efectiva y no tener esos peligros.

Cuando la enfermedad está en el espermatozoide

La malformación severa del espermatozoide

Habitualmente, un eyaculado contiene muchos espermatozoides con malformaciones y esto es normal: hasta un 70%
de espermatozoides malformados es habitual en un semen fértil.

Estas malformaciones pueden localizarse en las diferentes partes que componen un espermatozoide: en la
cabeza, la pieza intermedia o la pieza principal (flagelo).

Algunos pacientes son portadores de eyaculados que

contienen 100% de espermatozoides malformados. Estas malformaciones pueden ser homogéneas o todas diferentes. En el primer caso, cuando las malformaciones son todas iguales y afectan la misma sección del espermatozoide son por lo general de origen genético; en cambio, si los espermatozoides tienen diversos tipos de malformaciones, éstas suelen ser adquiridas, es decir que se deben a causas no genéticas, como por ejemplo, un varicocele.

¿Cómo se hace el diagnóstico?

El diagnóstico inicial se efectúa con un espermograma básico y luego, para investigar con detalle el tipo de malformación, se recurre a la microscopía electrónica.

Cuando la malformación se produce en la cabeza, sabemos que esos espermatozoides tendrán muchas dificultades para penetrar las membranas que rodean al óvulo, es decir, que no tendrán capacidad fecundante. Es el caso de los espermatozoides amorfos.

En cambio, si las malformaciones se muestran en el flagelo, entonces esos espermatozoides tendrán muy mala movilidad o directamente nula.

El más típico de los casos donde los espermatozoides tienen movilidad cero, es la "displasia de la vaina fibrosa".

Se trata de una enfermedad de la membrana que envuelve el flagelo de los espermatozoides, y que lo destruye de tal manera que impide su movilidad.

El diagnóstico surge cuando el paciente consulta porque no puede tener hijos, y en el espermograma se muestra que tiene muy buena cantidad de espermatozoides pero con 100% de inmovilidad.

Estos pacientes a veces, tienen otros síntomas asociados, como las bronquiectasias. Ésta es una enfermedad que le provoca al paciente súbitos ataques de tos, fundamentalmente por la mañana, que duran varios minutos y son muy incómodos. No suele haber otros inconvenientes ulteriores.

¿Entonces estos hombres nunca podrán tener hijos?
Por el contrario, el pronóstico es muy bueno. Desafortunadamente nada podemos hacer para corregir su enfermedad, sin embargo, en lo que se refiere a tener hijos, es totalmente posible. Con la técnica de la fertilización in vitro con ICSI, los óvulos inyectados con estos espermatozoides, fertilizan en forma normal, los embriones son de muy buena calidad y el embarazo es muy posible.

LAS FALLAS METABÓLICAS DEL ESPERMATOZOIDE
La función del espermatozoide es la de llevar adentro del ovocito los 23 cromosomas necesarios para la fertilización. Para poder cumplir esta función necesita poder moverse, lo cual es sinónimo de nadar.
Para ello debe a su vez, mover la cola o flagelo y para lograrlo cuenta con una carga energética que se llama Adenosintrifosfato, que se abrevia ATP.
Este ATP es como la nafta que le hace falta al espermatozoide para mover el motor del flagelo.

¿Qué pasa si el espermatozoide tiene escaso ATP?
Sucede a veces, que las estructuras que fabrican el ATP no funcionan bien y entonces el espermatozoide no tiene suficiente energía para moverse correctamente.

En estos casos, el paciente tiene lo que se llama astenozoospermia, es decir, bajo porcentaje de movilidad en los
espermatozoides, y este problema le provoca esterilidad
porque los espermatozoides no pueden llegar hasta los
ovocitos y mucho menos fertilizarlos.

¿Existen otras formas de fallas metabólicas?

Sí, existe otro tipo de problemas que son las llamadas
sustancias oxígeno reactivas. Esto significa que los espermatozoides habitualmente tienen tendencia a oxidarse,
pero esta tendencia está controlada y nunca llegan a esa
situación, salvo que estén enfermos. En ese caso, los espermatozoides en verdad se oxidan y por supuesto, dejan
de cumplir su misión, es decir, pierden la capacidad de fertilizar. Los espermatozoides están sanos en apariencia, no
tienen malformaciones, se mueven, y sin embargo, cuando
los estudiamos con más detalle, podemos descubrir su falla
metabólica.

¿Estos problemas tienen solución?

En general sí. El paciente deberá tomar una medicación
a base de vitaminas, fundamentalmente vitamina E, por un
período no menor de tres meses.

Capítulo 6

La azoospermia: mal del ausencia

La ausencia de espermatozoides en el semen se conoce como azoospermia.

Existen 2 tipos diferentes de azoospermia: la no obstructiva, también llamada secretora, y la obstructiva.

La azoospermia no obstructiva es aquella en la que el paciente tiene una enfermedad que le impide producir espermatozoides, o dicho de otra manera, tiene un problema en la fábrica.

La azoospermia obstructiva, en cambio, es aquella en la que los hombres no tienen dificultades en la fábrica sino una obstrucción en la salida de los espermatozoides, o directamente no tienen los conductos que unen los testículos con el pene, es decir, los conductos deferentes.

Un problema de producción: la azoospermia no obstructiva

Estos pacientes son aquellos que tienen o tuvieron una enfermedad en los testículos y no pueden fabricar espermatozoides.

Este tipo de azoospermia puede haber sido ocasionada por problemas adquiridos, es decir, traumatismos testiculares importantes en la niñez o más adelante, o enfermedades tales como la criptorquidia (de la que ya hablamos). A veces, aunque es raro, se puede deber a un varicocele, o bien a la inflamación testicular producida como consecuencia de las paperas (orquitis urliana) que puede dejar al testículo totalmente dañado e incapaz de producir espermatozoides.

También, los tratamientos con drogas para curar el cáncer (citostáticos) suelen dejar como consecuencia indeseable una azoospermia no obstructiva. Es llamativo que aunque la enfermedad se produzca aparentemente en un solo testículo (por ejemplo una criptorquidia unilateral o la orquitis en un solo testículo) en general afecta a las dos gonadas (los testículos).

Otra enfermedad es el hipogonadismo hipogonadotrófico, o sea la falta de hormonas. Esta enfermedad, que como dijimos no es muy frecuente en la consulta al andrólogo, también provoca azoospermia porque los testículos no tienen el estímulo que necesitan para producir espermatozoides. En algunos casos, estos pacientes pueden tener un desarrollo físico con ciertos rasgos femeninos. Habitualmente tienen menor desarrollo piloso en todo el cuerpo.

¿Cómo se resuelven estos casos?

Lo recomendable es administrar las hormonas que necesita el paciente para lograr que los testículos vuelvan a fabricar espermatozoides.

Dependerá de la cantidad que fabriquen, el método que se utilizará para alcanzar el embarazo; podrá ser natural si el paciente logra producir una cantidad normal, o con ayuda de la reproducción asistida en caso de que fabrique espermatozoides en cantidad o calidad insuficiente.

Es muy importante tener en cuenta que hay hombres que tienen azoospermia como consecuencia de su trabajo, como es el caso de algunos que trabajan en contacto con altas temperaturas, los panaderos y aquellos que lo hacen en hornos de la industria metalúrgica.

También los que trabajan en relación con la radiología (ya sean técnicos radiólogos, médicos o dentistas) y no toman los recaudos de protección necesarios, pueden tener serios problemas en su fertilidad.

Sin embargo, un varón puede también tener azoospermia como consecuencia de enfermedades genéticas. La más frecuente es el Síndrome de Klinefelter, enfermedad que implica la existencia de un cromosoma X de más.

La estadística muestra que 0,2% de la población general tiene este síndrome, pero si se busca entre los pacientes que consultan por esterilidad y tienen azoospermia, la incidencia sube al 10 o 20 %.

¿Cómo se diagnostica?

El diagnóstico no se hace hasta después de la pubertad, es decir, entre los 12 y 14 años; en ese momento se advierte que los testículos son pequeños y de consistencia firme, como aceitunas.

Es importante aclarar que en todas las otras enfermedades que producen atrofia testicular, la consistencia está disminuida, son blandos. Muchas veces, el desarrollo androgénico es anormal y la acumulación de la grasa corporal sigue una distribución feminoide, con caderas más anchas que los hombros y a veces estos pacientes tienen ginecomastia (glándulas mamarias algo más desarrolladas que lo habitual para un varón).

Se solicitará un estudio hormonal y en él observaremos, en todos los casos, que las hormonas FSH y LH están por encima de los valores normales y en cambio la testosterona se encuentra por debajo de lo normal. En el espermograma aparece la azoospermia, es decir que no hay ningún espermatozoide. Si dudas, el análisis más importante es el cariotipo en sangre, es decir, es el estudio genético, que nos confirma el diagnóstico.

¿Se puede curar?

No, el Síndrome de Klinefelter no se puede curar, pero en cambio, más de la mitad de estos pacientes puede tener hijos. Lo que debe hacerse es una biopsia de testículos para intentar encontrar algunos pocos espermatozoides y congelarlos en nitrógeno líquido a -198° de temperatura. Una vez que se hizo esto, tiempo después, se procede a estimular la ovulación de la mujer para realizar una fertilización in vitro con ICSI.

Además de ésta, existen otras enfermedades genéticas que pueden traer esterilidad en el varón y no producen necesariamente azoospermia, sino también oligozoosper-

mia (es decir disminución de la cantidad de espermatozoides en el eyaculado) y que por lo tanto pueden no impedir
el embarazo, pero sí provocar el nacimiento de niños con
serios problemas o deformaciones.

Por este motivo, es muy importante realizar un estudio
genético en todos los casos de azoospermia no obstructiva
y también en casos de oligozoospermia severa, sobre todo si
el paciente no tiene antecedentes médicos que justifiquen
su bajo espermograma.

Otro grupo de pacientes que presentan azoospermia
u oligozoospermia muy severas pueden tener otro tipo de
enfermedades que se llaman microdeleciones del cromosoma Y.

Hace varios años, en la década de los 70, un grupo de
investigadores italianos descubrió que cuando al cromosoma Y le falta una pequeña parte, causa la ausencia o
cuanto menos la falla del proceso de fabricación de espermatozoides.

Años después, con motivo del descubrimiento del genoma humano, en 1992, se publicaron los primeros trabajos
de investigación, que mostraron, con tecnología más sofisticada, que pequeñísimas faltas (deleciones) del cromosoma
Y podían ser responsables de la falta total de espermatozoides de un varón.

Luego se comprobó que existían tres áreas que podían
estar ausentes en estos hombres: el área de lo que se denominó AZFa, AZFb y AZFc.

Cualquier falta o deleción de una de estas regiones del
cromosoma Y ocasionará la azoospermia o la oligozoospermia severa.

Los pacientes con microdeleciones del cromosoma Y, ¿pueden tener hijos?

Sí. Deberemos ir a la biopsia testicular y en más de la mitad de los casos encontraremos espermatozoides, que podremos congelar y posteriormente utilizar en el ICSI.

¿Esta enfermedad es transmisible a los hijos?

Sí, el 100 % de los hijos varones de este paciente tendrán el mismo problema de microdeleción del cromosoma Y, por lo tanto, el mismo cuadro seminal.

¿Tienen algún otro riesgo los niños nacidos?

Hasta lo que se conoce, no tienen otro riesgo para su salud.

Todo paciente que es portador de una azoospermia no obstructiva, que no haya sido tratado previamente con citostáticos ni radiaciones, debe ser estudiado genéticamente mediante el cariotipo en sangre para conocer fallas cromosómicas y también con la técnica de PCR para descartar una microdeleción del cromosoma Y.

Testimonio

MIS MAÑANAS CON DOS SOLES

Soy un tipo común. Lo único que me diferencia de la mayoría de los hombres es que trabajo de noche.

Al menos eso creía ser hasta que me dijeron que no podría tener hijos.

Nos enteramos una tarde en que fuimos al ginecólogo por-

que hacía como diez meses que intentábamos el embarazo y no se producía.

Me pidieron que hiciera un espermograma y luego tuve que repetirlo porque el resultado no era bueno.

Desafortunadamente, el siguiente también dio mal: demostró que no tengo espermatozoides.

Al parecer, no había opciones: "Adopten", nos dijeron.

¿Sería esto posible? Con tantos avances de la ciencia en las últimas décadas, ¿resultaría imposible para nosotros algún tipo de tratamiento que nos ayudara a conseguir lo que más queríamos?

Nos hicimos esas y otras preguntas y, aunque salimos muy mal de la consulta, decidimos buscar otra opinión, algo más.

Conocimos a nuestro doctor por casualidad. Unos amigos de unos amigos habían sido pacientes de él y estaban muy contentos con su embarazo reciente.

En la entrevista, y luego de escuchar nuestra historia, nos cambió todo el panorama futuro cuando nos dijo que había esperanzas, que no estaba todo perdido, que podíamos intentarlo, que la medicina reproductiva actual no puede solucionar todo, pero está en condiciones de ayudar en mucho más de lo que creemos.

El doctor me pidió un estudio genético a través de un examen de sangre y volvimos al mes con el resultado. Realmente pensamos que allí acababa todo, cuando nos informó que yo tengo el Síndrome de Klinefelter, una anomalía genética, según nos explicó, no tan infrecuente.

Ese mismo día nos propuso que me hiciera una biopsia de testículos. Nos explicó que casi el sesenta por ciento de los hombres con mi problema tienen unos poquitos espermatozoides en los testículos y que con eso alcanza para ser padre.

No dudamos: a los quince días estaba ya operado y no podré olvidarme nunca cuando, unas dos horas después de la cirugía, se acercó a mi cama y muy sonriente nos dijo: "Encontramos espermatozoides".

De allí en más todo fue mucho más sencillo; luego de estudiar a mi mujer con dosajes hormonales y una radiografía de útero, pudimos finalmente hacer una fertilización in vitro con ICSI y ella se embarazó con mellizos.

Nuestros dos hijitos son un sol, lo mejor que pudo pasarnos.

Hoy no nos cansamos de repetir: "Qué suerte que nunca bajamos los brazos". Todo esto cambió mi existencia. La nuestra.

Como todas las mañanas, tempranito, camino por las veredas angostas de mi barrio, cruzo las calles empedradas, toco las paredes gastadas de mis vecinos de tantos años, y llego a casa, justo a tiempo, para verlos despertar.

Atrapado sin salida: la azoospermia obstructiva

El caso más común es el paciente que sufrió una inflamación de los epidídimos en algún momento de su vida y, como consecuencia, quedaron obstruidos.

Estos pacientes tienen testículos totalmente sanos, de buen tamaño y consistencia, evidentemente su problema no está en la producción sino en la salida, desde el testículo hasta el pene.

¿Qué hacer?

En primer lugar, deberemos conocer si la función testicular está conservada en buen estado. Para ello solicitaremos un análisis de hormonas en sangre, fundamentalmente de FSH y LH y, si hace falta, de inhibina B.

En general, debemos asegurarnos de que la obstrucción es en todo el epidídimo, porque en caso de ser sólo en un punto de él, será posible intentar su corrección quirúrgica. Esta cirugía consiste en abrir el tubo epididimario y conectarlo al conducto deferente; de esa forma, conseguiremos que los espermatozoides puedan pasar libremente en su camino hacia el exterior. Cuando todo el epidídimo está enfermo, entonces deberemos recurrir a la "punción percutánea", esto significa hacer una leve anestesia local y con una aguja muy delgada, pinchar el epidídimo y al mismo tiempo aspirar con una pequeña jeringa conectada a esa aguja. De esta manera conseguiremos los espermatozoides necesarios para utilizar en una fertilzación in vitro con ICSI.

Pero existen otros casos de azoospermia obstructiva que se deben a la falta o ausencia de los conductos que sacan los espermatozoides del testículo, es decir, los conductos deferentes.

¿Por qué se produce la ausencia de conductos deferentes?

Es una enfermedad congénita, es decir, previa al nacimiento. Se produjo un error en el desarrollo del paciente cuando estaba en el útero de la madre y no se formaron esos conductos. En realidad, esta ausencia de conductos deferentes es parte de una enfermedad mucho más importante y de mal pronóstico, que es la fibrosis quística. Estos pacientes sólo sufren la expresión mínima de esa enfermedad, que les ocasiona la ausencia de los conductos. La fibrosis quística es una enfermedad génica, es decir, que en estos hombres existe un gen que está mutado, enfermo, que les provoca esta patología.

¿Es peligroso para el paciente?
No, no lo es. Estos hombres no tienen ningún riesgo de vida por ser portadores de esa mutación génica de fibrosis quística.

Los pacientes que no tienen espermatozoides por
una azoospermia no obstructiva, portadores
de una mutación génica para fibrosis quística,
¿pueden tener hijos?
Sí, es posible. Simplemente tenemos que extraer los espermatozoides del epidídimo o también del testículo y podremos utilizarlos para inyectar los ovocitos de la mujer, realizando un ICSI, y de esa manera lograr el embarazo.

¿Puede ser riesgoso para la descendencia?
Sí, puede serlo. Es fundamental que realicemos un estudio genético a la pareja para conocer si ella "comparte el alelo", es decir, si tiene una modificación del gen similar a la del marido. En ese caso, esta pareja tiene alto riesgo de tener hijos que sufran la enfermedad de la fibrosis quística, pero completa. Si esto ocurre, el pronóstico de vida de estos niños está muy comprometido. Por ese motivo, es fundamental realizar el estudio de las posibles mutaciones génicas en la esposa del paciente para descartar la posibilidad de trasmisión de la enfermedad de fibrosis quística a la descendencia.
Los resultados de embarazos utilizando este tipo de

espermatozoides, suelen ser más exitosos que cuando utilizamos espermatozoides testiculares en pacientes con azoospermia no obstructiva; sin embargo, es muy importante que recordemos la necesidad de estudiar genéticamente a la mujer del paciente para descartar la coincidencia de mutaciones del mismo gen.

Este estudio génico se llama PCR para mutaciones de fibrosis quística y se efectúa en numerosos laboratorios del país.

CAPÍTULO 7

REPASANDO LOS PROBLEMAS DE ELLAS (Y DE SUS MARIDOS)

Fallas en el moco cervical

Hemos comentado acerca de la importancia del moco cervical como vía de acceso de los espermatozoides al interior del útero.

La fabricación de ese moco por parte del cuello uterino depende de la presencia de una hormona fabricada por el ovario que se llama progesterona.

Es muy importante saber que para que exista moco cervical en cantidad y calidad normal, la mujer debe tener esas células en el cuello del útero, deben estar estimuladas por la progesterona y no debe existir una infección en la zona que deteriore el moco producido.

Una vez que el hombre ha eyaculado se forma el lago seminal en el fondo de la vagina y los espermatozoides comienzan a ascender hacia el interior del útero a través y gracias al moco cervical.

Este camino por el moco se denomina migración espermática. Es fundamental que esta migración sea adecuada y es uno de los primeros estudios que se hacen en una pareja que consulta por dificultades en conseguir el embarazo.

¿Cuáles son las causas de una migración espermática alterada?

A veces puede ocurrir que en una relación sexual normal, en el momento de la eyaculación no exista la penetración adecuada, o que por la posición de la pareja los espermatozoides caigan de la vagina (se denomina efluvio seminal), de manera tal que no se lleguen a depositar en el fondo de ella.

En segundo lugar, el semen debe ser normal. Si los espermatozoides son insuficientes en cantidad o movilidad, aunque sean debidamente eyaculados, no podrán subir por el moco cervical en forma adecuada. Ésta es la causa más frecuente de alteraciones en la migración espermática.

También un volumen de eyaculado escaso puede traer aparejada una falla migratoria, sencillamente porque el lago seminal será insuficiente y tal vez nunca llegue a contactar con el moco cervical. En la situación contraria, en los casos donde el volumen eyaculado es demasiado abundante —más de cinco centímetros cúbicos— también puede haber mala migración espermática porque el semen está demasiado diluido.

En tercer lugar, el moco cervical deber ser de características normales. Para esto, debe haber glándulas productoras de moco en buen estado funcional y la estimulación de la progesterona, fabricada en el ovario, debe ser adecuada.

En ocasiones, es posible que debido a una cirugía de cuello uterino, desaparezcan las glándulas productoras de moco por lo cual, aunque exista una buena cantidad de progesterona, ésta no tiene dónde actuar. También puede suceder que el moco se contamine con una infección y en ese caso disminuye de inmediato su calidad.

¿Cómo se sabe si el moco es sano?

A simple vista, por el aspecto, se puede saber aproximadamente si el moco está en buenas condiciones.

El aspecto del moco en período ovulatorio es casi el mismo que el de la clara de huevo.

El color y la elasticidad, que se llama filancia, cambian drásticamente en un moco infectado.

Si uno lo inspecciona bajo el microscopio, pueden observarse unas formaciones celulares que, por su aspecto, se denominan "hojas de helecho", y son típicas de un moco sano en época ovulatoria.

En último término, el moco no debe tener anticuerpos antiespermatozoides. Esto no es muy frecuente, pero si ocurre es un problema que no tiene fácil solución.

Hace años intentábamos solucionar el problema administrando a la paciente corticoides; estos tratamientos no son muy efectivos y tienen ciertos riesgos propios de los corticoides por lo que habitualmente optamos por aconsejar la inseminación intrauterina, para sortear el moco sin inconvenientes (ver capítulo de inseminación).

¿Qué es la prueba poscoital?

Esta prueba o test se realiza entre las 2 y 10 horas posteriores a la relación sexual. Es muy importante que la relación sea lo más "normal y espontánea" posible.

La abstinencia previa a esa relación es igual que para un espermograma, es decir, entre tres y cinco días.

Luego de la relación, la mujer concurre al consultorio donde se extrae una pequeña cantidad de moco (procedimiento totalmente indoloro) para que sea observada bajo el microscopio.

Se buscan las características "hojas de helecho" que mencionamos más arriba, se observan la cantidad y la filancia del moco, y luego se cuentan cuántos espermatozoides móviles traslativos rápidos existen en un campo microscópico de 400 aumentos. Se deben contar más de 10 espermatozoides por campo para que la prueba sea considerada satisfactoria.

¿Qué hacer si el test resulta anormal?

En ese caso, podemos realizar lo que se llama "tubo capilar o test de Kremer".

Esta prueba consiste en tomar semen del marido y mezclarlo con moco de la paciente en un tubito especialmente diseñado y milimetrado y observar la movilidad de los espermatozoides dentro del moco en esta prueba "in vitro". Si en el pequeño tubo lleno de moco de la paciente, los espermatozoides tienen buena movilidad, significa que existe un problema en la relación sexual, más precisamente en la eyaculación, que impide un buen contacto del semen con el moco.

Si por el contrario la migración otra vez es defectuosa, se procede a estudiar atentamente el semen y también el moco.

Puede ser que este último presente una infección, o tenga

problemas químicos (escasez de hierro, por ejemplo) o, como mencionamos, existan anticuerpos antiespermatozoides; de acuerdo con el hallazgo, se procede al tratamiento.

En el caso de una infección de moco, se administran antibióticos a la paciente; si hubiera un déficit de hierro, se le da sulfato férrico; si faltara estimulación hormonal, se administran estrógenos.

Si a pesar de estos tratamientos, la prueba no se normaliza, entonces se indica una inseminación intrauterina.

Problemas en el útero y en las trompas

Las anomalías en el útero (comúnmente llamado matriz) pueden ocurrir antes del nacimiento, en cuyo caso son enfermedades congénitas. Después del nacimiento, se trata de anomalías adquiridas.

Entre las enfermedades congénitas se encuentra la ausencia de útero. Es algo sumamente infrecuente, pero cuando se presenta, involucra también al tercio superior de la vagina. No tiene solución y podría ser la indicación de un útero subrogado.

Otra anomalía uterina congénita, más frecuente, es el útero arcuato, septato o también el útero en T. Esta alteración consiste en la presencia de un tabique que divide la cavidad del útero en dos, de manera vertical. Cuando la forma externa del útero está conservada, se trata de un útero septato, pero si la conformación externa está alterada, se trata entonces de un útero arcuato o bicorne. Estas alteraciones de la cavidad uterina son las responsables del 20 % de los abortos a repetición, aunque también pueden ser causa de falta de embarazo en algunas ocasiones.

Las anomalías adquiridas son de varios tipos: los miomas (también llamados fibromas), los pólipos y las sinequias (adherencias intrauterinas).

Los miomas son tumores benignos del útero que crecen a partir del miometro, que es el músculo que forma el cuerpo uterino. Nunca se tornan malignos y pueden crecer hacia adentro o hacia la cavidad abdominal. En este último caso no afectan la fertilidad de la paciente, pero si son muy grandes deberán ser operados por laparoscopía porque pueden producir inconvenientes. Cuando el crecimiento es hacia adentro del útero pueden deformar la cavidad y entonces ser causa de esterilidad o de abortos espontáneos. En estos casos serán operados por histeroscopía.

Los pólipos también son crecimientos benignos, pero del tejido que recubre el útero por dentro (endometrio) y en general deben ser corregidos quirúrgicamente por histeroscopía.

Las sinequias son cicatrices que quedan en el endometrio por lo general como consecuencia de raspados anteriores. Estas sinequias son adherencias entre las partes del útero que causan esterilidad o abortos y deben ser corregidas por medio de la histeroscopía. Muchas veces la paciente con sinequias tiene menstruaciones escasas o inclusive nulas.

A veces puede ocurrir que el endometrio se infecte produciendo lo que se llama endometritis. Estos casos se deben tratar con antibióticos porque el endometrio en esas condiciones no permitirá la implantación del embrión.

Ya describimos las trompas de Falloppio en el capítulo correspondiente. Puede ocurrir que una o las dos trompas se obstruyan (obstrucción unilateral o bilateral) y a su vez hay tres lugares donde esta obstrucción puede ocurrir: el sector proximal (cerca del útero), el sector medial o el distal.

La obstrucción proximal puede tener buen pronóstico con la cirugía, primero histeroscópica y, si fracasa, laparoscópica. A veces, simplemente con la histerosalpingografía se consigue desobstruir una trompa que en realidad tenía una acumulación de secreciones en ese sector y fueron eliminadas durante el procedimiento de llenado del útero y trompas previo a la radiografía.

La obstrucción medial, ocurre en general luego de la operación por un embarazo ectópico o posligadura tubaria para anticoncepción. En el primer caso la reparación de la trompa tiene buen pronóstico, no así en la segunda situación, donde es preferible recurrir a la reproducción asistida.

Los problemas de obstrucción tubaria distal ocurren generalmente como secuela de infecciones tubarias que llevan a una "salpingitis", que es la inflamación de la trompa, que se cierra en su extremo distal y se llena de líquido produciendo lo que se denomina hidrosalpinx. No sólo está obstruida la trompa, sino que además ese líquido es muy tóxico para los embriones en el caso de realizar una fertilización in vitro; por lo que se aconseja operar antes estas trompas para impedir el pasaje de las secreciones al interior del útero.

¿Cómo se estudian el útero y las trompas?
Existen tres métodos: la histerosalpingografía, la histeroscopía y la laparoscopía.

La histerosalpingografía es una radiografía del útero y

las trompas, que se lleva a cabo mediante la colocación de un líquido a base de yodo dentro de la cavidad uterina. Esta sustancia es radioopaca, es decir que se ve perfectamente a través de radiografías, por lo que al llenar el útero y las trompas nos permite apreciar si existen deformaciones uterinas u obstrucciones tubarias. Hecha por profesionales expertos, es molesta pero de ninguna manera dolorosa.

La histeroscopía consiste en la colocación de una óptica (histeroscopio) dentro del útero a través de la vagina, es decir, por vía endoscópica, sin realizar ninguna incisión. Con esta modalidad de cirugía pueden extraerse pólipos y también miomas, como así también solucionarse sinequias uterinas.

Cuando se sospechan obstrucciones tubarias que puedan ser solucionables, o adherencias abdominales, o endometrosis, se recurre a la laparoscopía. Este método quirúrgico, que se realiza con anestesia general, se basa en la colocación de una óptica parecida al histeroscopio a través de una pequeña incisión en el ombligo de la paciente. Además de esta óptica, se introducen dos pequeñísimos trócares cerca de la ingle de cada lado como instrumental auxiliar. La cavidad abdominal se llena con aire (anhidrido carbónico) para visualizar mejor las estructuras abdominales. A través de la laparoscopía se pueden realizar diagnósticos y también correcciones quirúrgicas de enfermedades como la endometrosis, adherencias abdominales, miomas, etcétera. La paciente permanece internada apenas unas horas y a los dos días reanuda su vida normal.

Enfermedades del ovario

Ya hemos mencionado que los ovarios son glándulas

que fabrican los óvulos y que también producen dos hormonas: los estrógenos y la progesterona. Cada vez que un óvulo termina de madurar y es liberado del ovario ocurre lo que se denomina ovulación.

A veces puede ocurrir que la mujer tenga dificultades y no se produzca la ovulación, en este caso estamos en presencia de la anovulación, o la mujer no ovula en forma adecuada y por lo tanto no produce suficiente cantidad de progesterona: es lo que se llama fase lútea inadecuada.

En el caso de la anovulación, obviamente no se produce nunca un embrión y por ese motivo la mujer no se embaraza; en el caso de la fase lútea inadecuada, se puede generar un embrión pero éste no se implantará porque el endometrio no está correctamente preparado para recibirlo.

La anovulación puede ser originada por una falla en el hipotálamo o en la hipófisis. Los problemas en el hipotálamo son importantes porque se altera la producción del factor liberador de las gonadotrofinas, que estimulan al ovario para que ovule. Estos inconvenientes hipotalámicos pueden ser causados por estrés, insuficiente alimentación y también exigencias deportivas muy intensas. Los problemas en la hipófisis alteran de modo directo la producción de las gonadotrofinas y de esta manera ocurre la anovulación.

La anovulación por lo general altera la menstruación y si ésta no se produce estamos en presencia de la amenorrea. Si la falla ovulatoria es leve, entonces las menstruaciones pueden ser irregulares: oligomenorrea o polimenorrea. A veces puede fallar la ovulación y la menstruación ser normal por completo.

Cuando la mujer llega a los cincuenta años aproximadamente, sus ovarios dejan de ovular, cesa la menstruación y sobreviene la menopausia. Esto, en ocasiones, puede ocurrir antes de esa edad y se denomina menopausia precoz.

Para verificar la ovulación existen varios métodos que van desde la medición de la temperatura basal, el estudio del aspecto del moco cervical, la medición de ciertas hormonas y la ecografía.

Con excepción de la menopausia precoz, en general todos los otros trastornos ovulatorios son corregibles con medicación. Esta medicación deberá lograr remedar a la naturaleza y que el ovario permita la maduración y liberación del óvulo.

PARTE
III

CAPÍTULO 8

LAS TÉCNICAS DE REPRODUCCIÓN ASISTIDA

La inseminación artificial

Como se sabe, para que se produzca el embarazo, los espermatozoides deben ser capaces de cumplir varias etapas. En primer lugar, deben ser depositados en el fondo de la vagina, formando el llamado lago seminal. Esto no depende, obviamente, de los espermatozoides, sino de la relación sexual. Si en el momento de la eyaculación, ésta se produce muy superficialmente, es decir, no en el fondo de la vagina, entonces no se formará el lago del que hablábamos y los espermatozoides no podrán entrar en el útero.

Recordemos que los espermatozoides nadan, y por eso necesitan de un medio acuoso —el propio semen en primer lugar— para poder avanzar en el cuerpo de la mujer.

Desde allí, una vez depositados en el fondo de la vagina, deberán introducirse en la cavidad uterina, para lo cual usarán el moco cervical. Éste, a su vez, es fabricado por el cuello uterino, sólo en los días previos a la ovulación.

Lógicamente, de nada sirve que los espermatozoides entren en el útero y sigan todo su camino si la mujer no está ovulando y por lo tanto no puede embarazarse.

Como decíamos, unos pocos días antes de la ovulación, en general dos o tres, el cuello uterino comienza a producir este moco que caerá en forma de cascada en la vagina; el moco es denso, por lo que esta cascada está prácticamente "congelada" y permanece allí solamente esos días que mencionamos.

El moco cervical tiene varias funciones muy importantes; en primer lugar, como dijimos, al ser un medio líquido permitirá que los espermatozoides naden a través de él hacia el interior del útero. Pero además de esto, el moco tiene la capacidad de permitir la separación de los espermatozoides del semen, que por increíble que parezca, a pesar de ser el lugar natural de los espermatozoides, es muy tóxico para ellos. De esta manera, al conseguir la separación, logrará que los espermatozoides tengan una gran sobrevida.

Si el paciente obtiene una muestra de semen en un frasco, medimos la movilidad y vitalidad de los espermatozoides y dejamos que pase el tiempo, podremos observar que a medida que transcurren las horas, la movilidad y vitalidad de estos espermatozoides comienzan a disminuir; a partir de las dos horas la disminución se hace muy evidente y a las cuatro horas la inmovilidad es casi total; poco tiempo después, la vitalidad habrá desaparecido, es decir, los espermatozoides estarán todos muertos.

En cambio, si hiciéramos la prueba de dejar espermatozoides nadando en moco cervical, encontraríamos que están vivos y son capaces de moverse hasta cuatro o cinco días después. Esto prueba que el moco cervical es realmente un medio mucho más adecuado para la vida del espermatozoide que el semen, que sólo es el vehículo de llegada a la vagina.

Pero además de la posibilidad de separar los espermatozoides del semen y lograr de esa manera la mayor supervivencia espermática, el moco cervical tiene otra característica todavía más importante que la antes mencionada, y ésta es la de "capacitar" al espermatozoide.

Esto último merece una explicación. El espermatozoide, cuando sale del testículo y pasa a través del epidídimo, como ya vimos, adquiere la capacidad de moverse, sin embargo, no será capaz de penetrar un óvulo, sencillamente porque no ha adquirido ciertas características químicas que lo habilitan para ello.

Estos cambios químicos se producen cuando el espermatozoide penetra en el moco cervical, es allí, entonces, cuando adquiere la "capacitación" y se transforma en un espermatozoide fértil.

Todo lo relatado sucede cuando tanto el moco como los espermatozoides son normales; pero puede ocurrir que el semen del paciente contenga espermatozoides que tienen defectos en la movilidad, o que el volumen del eyaculado sea muy reducido y entonces no llegue a formar un adecuado lago seminal, o que el moco cervical no tenga características normales, en cuanto a cantidad, elasticidad, etcétera. En estos casos, si no podemos lograr revertir la situación curando al paciente, podremos recurrir a las técnicas de reproducción asistida de baja complejidad.

Las técnicas de reproducción asistida son las que permitieron a muchísimos pacientes llegar a la paternidad. Se trata de métodos con los que se puede lograr el embarazo, independientemente de la relación sexual.

La primera inseminación se publicó en el año 1795, su autor fue John Hunter; casi 100 años después, se publicaron 55 inseminaciones, y recién en 1884 se dio a conocer la primera inseminación con semen de donante.

En esa época, la preparación del semen para ser utilizado en las pacientes era muy rudimentaria; no existían los medios de cultivo que conocemos hoy en día y que ayudan de manera importante al éxito de la técnica. En todos los casos se utilizaba el semen entero, es decir, los espermatozoides eyaculados más todo el contenido del esperma: espermatozoides muertos, células blancas, etcétera.

En la actualidad, las técnicas de baja complejidad son sencillas, requieren menos medicación y desgaste de parte de la pareja, especialmente de la mujer, en comparación con las de alta complejidad.

En estos casos de baja complejidad, la fecundación se produce dentro de la mujer, es decir "in vivo" y no en el laboratorio, es decir "in vitro". La técnica de baja complejidad es la inseminación artificial, que puede ser intrauterina, cervical, intratubaria o intraperitoneal. Las más comunes son la intrauterina y la cervical.

Indicaciones de la inseminación intrauterina
1 Fallas en la movilidad de los espermatozoides
La indicación más frecuente de la inseminación intrauterina es la falla de movilidad de los espermatozoides, es

decir, la astenozoospermia. Esta falla de la movilidad puede deberse, como ya vimos en capítulos anteriores, a diversas enfermedades del hombre. Cuando no es posible solucionar esta falta de movilidad normal, podremos recurrir a la inseminación. Los espermatozoides que no se mueven adecuadamente en el semen, tampoco lo hacen en el moco; por lo tanto, no son capaces de penetrar en la cavidad uterina.

2 Alteraciones del moco cervical

Aunque los espermatozoides tengan buena movilidad en el semen, las alteraciones del moco cervical también los inhabilitan para entrar en el útero. Estas alteraciones del moco muchas veces pueden ser curables porque se trata de infecciones o cambios químicos o falta de hormonas en la mujer (estrógenos). Si lo hemos intentado sin éxito, indicaremos la inseminación intrauterina.

3 Esterilidad sin causa aparente

La esterilidad sin causa aparente es bastante frecuente y aunque en estos casos no tenemos pruebas de que los espermatozoides no se muevan bien, y el test poscoital sea normal, de manera empírica, a veces recomendamos la inseminación como una manera de incrementar las posibilidades del embarazo.

4 Factor coital

Puede suceder que la relación sexual sea totalmente normal para los pacientes, pero resulta que cuando el hombre eyacula no lo hace en la profundidad de la vagina, por diversos motivos; en estos casos no se alcanza a formar un buen lago seminal, como mencionamos antes, y de esa manera no se produce un contacto correcto entre el semen y el moco.

5 Disfunción ovulatoria

Si la mujer tiene dificultades en su ovulación, además de estimular los ovarios, podemos agregar la inseminación para aumentar las posibilidades de que se embarace.

6 Factor tuboperitoneal unilateral

La mujer ovula en forma alternada de un lado y del otro mes a mes, por lo que si una trompa está obstruida, sabemos que cada vez que ella ovule del lado de la trompa enferma, no podrá embarazarse; esto significa que la paciente tiene aproximadamente la mitad de posibilidades de embarazo año a año. Al realizar una estimulación ovárica, lograremos que el ovario que se corresponde con la trompa sana ovule, posibilitando el embarazo; si agregamos la inseminación sin dudas estaremos ayudando de manera más completa.

7 Endometrosis leve

La endometrosis leve puede ser obstáculo para que se produzca el embarazo, con la estimulación de la ovulación y la inseminación podremos ser útiles para la paciente.

Para realizar la inseminación intrauterina deberemos valernos de espermatozoides que hayan sido procesados mediante las técnicas del *swim up* o del Percoll. Estas técnicas tienen varias finalidades.

En primer lugar, separar los espermatozoides del semen; en segundo término, conseguir recuperar solamente los espermatozoides móviles rápidos dejando de lado los inmóviles, sean vivos o muertos y todas las células que existen en el semen (leucocitos, etcétera); y en tercer lugar necesitamos que los espermatozoides se capaciten, ya que no entrarán en contacto con el moco, que como vimos es el capacitante de espermatozoides por excelencia.

ESTIMULACIÓN DE LA OVULACIÓN

Debemos estimular la ovulación de la paciente para lograr que sea múltiple, es decir, que en ese ciclo se fabrique más de un óvulo, en lo posible dos o tres. Sabemos que la posibilidad de que la paciente embarace mediante inseminación con una ovulación espontánea de un solo óvulo es muy baja. Por otra parte, si no estimulamos el ciclo tenemos poco control de éste, y la coordinación del mejor momento para realizar la inseminación es más difícil e inexacta.

La estimulación ovárica consiste en la administración de las hormonas que habitualmente intervienen, de manera natural, en la fabricación de los óvulos y en la ovulación de éstos.

¿Cuáles son estas hormonas?

La hormona Folículo Estimulante (FSH) y la hormona Coriónica (hCG).

Estas hormonas Folículo Estimulante pueden ser de origen urinario o también sintético. Lo habitual es que ambas consigan el efecto deseado, aunque se piensa que las de origen sintético son más eficaces, sobre todo en casos de mujeres que tienen dificultades en la ovulación, por edad avanzada o simplemente por falla ovárica. La otra manera de estimular los ovarios es directamente administrar las gonadotrofinas para lograr una mayor fabricación de óvulos durante ese ciclo. Existen diversos tipos de gonadotrofinas que pueden administrarse a las pacientes. Las gonadotrofinas urinarias, que provienen, como la palabra lo dice, de la orina de mujeres menopáusicas, contienen FSH y pequeñas cantidades de LH. También existe en el mercado la FSH urinaria purificada, que prácticamente no contiene LH. Por otra parte, están las gonadotrofinas recombinantes, fundamentalmente la FSH recombinante, sintéticas, es decir que no provienen de la orina. Todas las gonadotrofinas han probado tener un efecto parecido aunque la FSH recombinante tiene la ventaja de la mayor pureza de origen.

¿Cuál es el esquema habitual de la medicación?

Se aconseja efectuar una estimulación muy leve de la ovulación, ya que no se busca un embarazo múltiple sino único, por lo que deseamos que la paciente desarrolle sólo dos o tres óvulos.

Luego de la menstruación, habitualmente en día cuatro, dependiendo a veces de la condición de cada paciente, iniciamos la estimulación del ciclo con la hormona FSH. En general 75 ó 150 mili unidades internacionales por día o cada dos días. A veces puede complementarse con la administración de un antiestrógeno (clomifeno) que ayudará a una mayor estimulación de los ovarios.

Cerca del día 10 del ciclo de la paciente, realizaremos una ecografía de control que nos servirá para dos cosas: por un lado, conocer cómo va la respuesta de la paciente a la estimulación. ¿Respondió demasiado y tenemos riesgo de embarazo múltiple por lo que cancelaremos la estimulación? o, por el contrario, ¿la respuesta ha sido muy pobre y deberemos cancelar la estimulación (igual que lo que haríamos en la situación anteriormente citada) y recomenzar el ciclo que viene ajustando la dosis de la medicación?

Por otro lado, la ecografía nos permite conocer con exactitud el tamaño de los folículos (quistes que albergan a los óvulos) y de esa manera calcular cuál será el día ideal para inseminar a la paciente. De acuerdo con el tamaño de los folículos decidiremos el día de la aplicación de la hCG y también el día y la hora de la inseminación.

La inseminación intrauterina debe realizarse aproximadamente 40 horas después de que se produjo la ovulación, de manera tal que el o los óvulos ya estén transcurriendo a través de la trompa y de esta manera facilitaremos al máximo el trabajo de los espermatozoides.

La estimulación de los ovarios, a veces, puede producir ciertas molestias, similares a las de la menstruación. Estos síntomas no son intensos, salvo que la paciente sufra el denominado síndrome de hiperestimulación. En este caso, los síntomas son más intensos, puede haber acumulación de líquido en el abdomen, desciende la presión arterial, hay sensación de gran malestar y puede llegar a ser necesario internar a la paciente por unos días. Esto es muy poco frecuente (más común en pacientes con síndrome de ovario poliquístico) pero puede suceder.

Una vez que tenemos los espermatozoides en el medio de cultivo especial, deberemos introducirlos por el cuello uterino dentro de la cavidad. Para ello nos valemos de un catéter especialmente diseñado para este propósito.

Si los orificios del cuello son permeables, la paciente no tendrá ningún dolor, pero por el contrario, en casos en que el orificio interno sea resistente al paso del catéter, puede producirse alguna molestia.

El catéter tiene adosada una pequeña jeringuilla que contiene los espermatozoides, que son depositados suavemente en el fondo del útero, cerca de la desembocadura de las trompas. Los espermatozoides deberán penetrar en ellas en la búsqueda del óvulo.

Luego de la inseminación, la paciente permanecerá en reposo relativo ese día y luego continuará con su actividad normal. Doce días posteriores a la inseminación haremos el test de embarazo en sangre (beta HCG).

Si no se produjo el embarazo, la paciente podrá recomenzar con otro intento ese siguiente ciclo, o podrá descansar uno o dos meses.

De acuerdo con nuestra experiencia, sabemos que no podemos utilizar cualquier tipo de semen cuando indicamos una inseminación, sino que debe guardar ciertas características por debajo de las cuales no tiene sentido hacerla porque no se producirá el embarazo.

Por ejemplo, sabemos que la cantidad de espermatozoides recuperados luego de la técnica del *swim-up* o del Percoll, y listos para ser usados para inseminar, debe ser mayor de 5 millones, móviles traslativos rápidos; y hemos visto que si la cifra es menor, la posibilidad de lograr el éxito es remota.

Por otra parte, también observamos que no tiene sentido realizar muchos intentos de inseminación en la misma paciente. La gran mayoría de ellas, embaraza en alguno de los tres primeros procedimientos de inseminación, por lo tanto, si luego de tres intentos no se produjo, aconsejamos pasar a una técnica de alta complejidad porque algo más debe estar sucediendo que impide el embarazo y no conviene que la pareja pierda tiempo.

INSEMINACIÓN CERVICAL

¿Cuáles son las indicaciones de la inseminación cervical?

Se aplica en los casos de hipospermia, factor coital, disfunción ovulatoria y factor peritoneal unilateral.

La hipospermia es el escaso volumen de semen en la eyaculación. Estos casos en general se deben a fallas de las glándulas anexas a los testículos, que son, fundamentalmente, las vesículas seminales. En los casos en que estas vesículas, principales fabricantes de semen, han sufrido algún tipo de infección o inflamación, disminuye en gran forma su capacidad productiva de semen, es decir, tiene un eyaculado de un volumen menor de 2 milímetros cúbicos.

Con respecto a las otras indicaciones, no difieren de las que ya comentamos.

Para realizar la inseminación cervical no necesitamos preparar el semen previamente, sino que, por el contrario, será utilizado tal cual es eyaculado. Deberemos realizar la inseminación cervical alrededor de 24 horas antes de que se produzca la ovulación, en el momento en que el moco tiene la mejor calidad.

Para ello, dentro de la primera hora en que se obtuvo el semen, colocaremos 0,5 milímetros cúbicos en el cuello uterino y luego introduciremos un capuchón de un plástico especial, atóxico, que nos permitirá colocar el resto del semen para que permanezca en contacto con el cuello del útero.

Unas 12 horas después, la misma paciente procede a retirarse el capuchón que no le ha ocasionado la más mínima molestia.

Fertilización in vitro: mucho más que probetas

En 1978 se produjo en Inglaterra el nacimiento del primer ser humano por fertilización in vitro (FIV). Fue la noticia más destacada de la medicina de esa década. Dos científicos lo hicieron posible, los doctores Patrick Steptoe (ya fallecido) y Robert Edwards.

Pese a que los medios de comunicación utilizaron un mote poco feliz —"bebés de probeta"— para denominar a los primeros nacidos a través de esta técnica, aquel hecho sucedido hace un cuarto de siglo resultó ser un formidable avance en la historia de la reproducción humana.

Por primera vez se había conseguido extraer los óvulos del cuerpo de una mujer, inseminarlos con los espermatozoides y conseguir la formación de un embrión con la consiguiente transferencia de éste y el embarazo de la paciente.

A partir de ese momento, se supuso que la lucha contra la esterilidad estaba ganada. Pero pronto los científicos vieron que en realidad todavía quedarían muchos casos sin respuesta.

La indicación más clara para la utilización de esta técnica fue en las situaciones de obstrucción tubaria bilateral y de los hombres con semen defectuoso. Rápidamente se hizo evidente que se necesitaba cierta calidad de semen para utilizar esta técnica, por debajo de la cual, los óvulos no ferti-

▲ Profesor doctor Robert Edwards y doctor Santiago Brugo Olmedo

▼ Ficha modelo de historia clínica

DIRECCION:

C.P.:

TELEFONO:

H. Clínica N° ....

Fecha ....

FERTILIDAD MASCULINA

I - FILIACION

Nombre:

Edad:

Ocupación actual: Ocupación ant.

II - MOTIVO DE CONSULTA

Especificar

Est. 1ro.
Est. 2do.
Otros:

ANTECEDENTES

III - FAMILIARES

Esterilidad
Diabetes
Consanguinidad

T. B. C.
Otras
Especificar

IV - PERSONALES

A Clínicos   Especificar   Especificar

Tóxicos

F. urliana	Tabaco
T. B. C.	Alcohol
Alérgicas	Radiaciones
Digestivas	Medicamentos
Vasculares	Hormonas
Cirugía	Espermogramas
	Otros antecedentes

B Génito - urinarias

Especificar   Especificar

Criptorquidia	Hematuria		
Orquitis	Prostatorrea		
Epididimitis	Ardor miccional		
Fimosis	Gloteo terminal		
Venéreas	Frecuencia:	Día	noche
Traumatismos	Color:		
Disuria	Chorro:		

C Matrimoniales

Años de unión estable:

Intento de gestación

Gestaciones ⊔ ; P.T. ⊔ ; P.P. ⊔ ; A. E. ⊔ ; A. P. ⊔

Hijos vivos ⊔ muertos ⊔

Métodos anticonceptivos: sí ☐ no ☐ ; cuál:

SEXOLOGICOS

Inició relaciones sexuales

F R S:

Erección:			Eyaculación	
Rígida	%			normal
Semi Rigida	%			precoz
Rígida + rápida detumescencia	%			rápida
Ausente	%			retrógrada
				ausente

Orgasmo femenino %
%

V - EXAMEN FISICO

Hábito: Peso: Talla:

Tej. adiposo especificar
Distribución pilosa
Gl. mamarias
Pene
Escroto ·
Test. derecho
Test. izquierdo
Epidídimo derecho
Epidídimo izquierdo
Deferente derecho
Deferente izquierdo
Cordón derecho
Cordón izquierdo
Próstata

Observaciones (otros hallazgos patológicos):

Aparato Genital
masculino
CD: conducto deferente
GU: glándulas uretrales
CC: cuerpo cavernoso
U: uretra
CESP: cuerpo esponjoso
E: escroto
T: testículo
UR: uréter
V: vejiga
VS: vesículas seminales
A: ampolla
UT: utrículo
CE: conducto eyaculador
P: próstata
GBU: glándula bulbo uretral

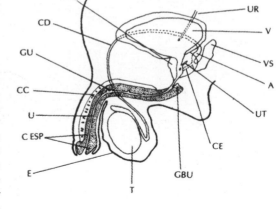

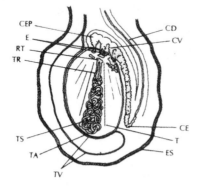

Vista sagital
del testículo humano
CEP: cabeza del epidídimo
E: eferentes
RT: rete testis
TR: túbulo recto
TS: túbulo seminífero
TA: túnica albuginea
TV: túnica vaginal
CD: conducto deferente
CV: cono vasculoso
CE: cola del epidídimo
T: tabique
ES: escroto.
(tomado de Greep)

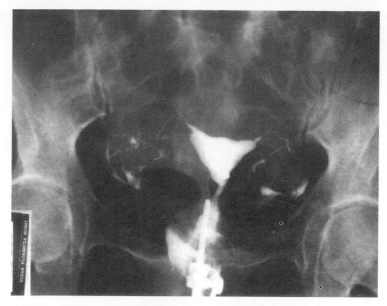

▲ Histerosanpingografía (radiografía de trompas y de útero).

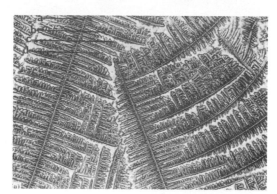

▲ Moco cervical ovulatorio normal
observado bajo microscopio (helecho).

▲ Moco cervical ovulatorio anormal
observado bajo microscopio.

▲ El doctor Juan Carlos Calamera estudia la cantidad y movilidad de los espermatozoides con un método computarizado.

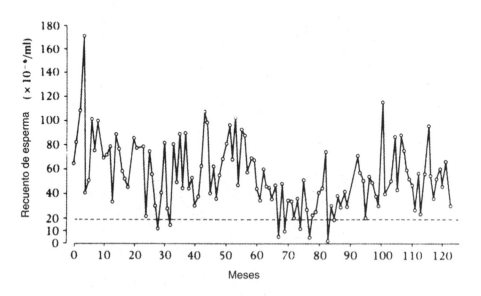

▲ Variación de la cantidad de espermatozoides en el semen de un hombre fértil a lo largo de un año.

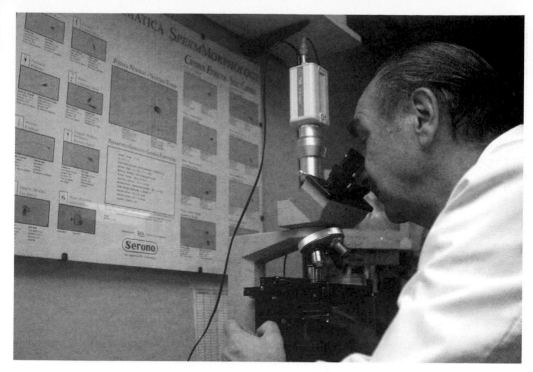

▲ Observación de la morfología de los espermatozoides.

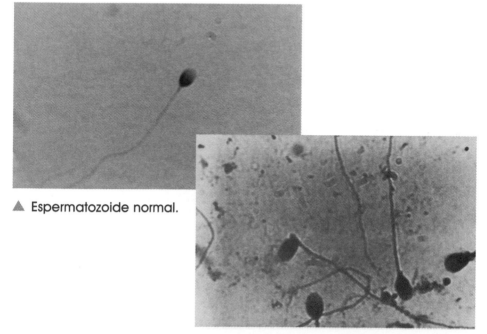

▲ Espermatozoide normal.

▲ Espermatozoide con defectos en el cuello.

Prueba estándar

Volumen	2 ml o más
pH	7,2-7,8
Concentración de espermatozoides	20×10^6 espermatozoides/ml o más
Total de esperma	40×10^6 espermatozoides o más
Motilidad	50% o más con progresión anterógrada (categorías *a* y *b*), sección 2.4.2 o 25% o más con progresión lineal rápida (categoría *a*) a los 60 min de la recolección (eyaculación)
Morfología	30% o más con morfología normal[a]
Viabilidad	75% vivos o más (no se colorean)
Leucocitos	Menos de 1×10^6/ml
Prueba de immunobeads	Menos del 20% de espermatozoides con partículas adherentes
Prueba MAR	Menos del 10% de espermatozoides con partículas adherentes

Pruebas opcionales

α-glucosidasa neutral	2,0 mU o más por eyaculado (véase Apéndice XVII para la definición de U)
Cinc (total)	2,4 μmol o más por eyaculado
Ácido cítrico total	52 μmol o más por eyaculado
Fosfatasa ácida total	200 U o más por eyaculado (véase Apéndice XV para la definición de U)
Fructosa total	13 μmol o más por eyaculado

▲ Valores normales de espermograma

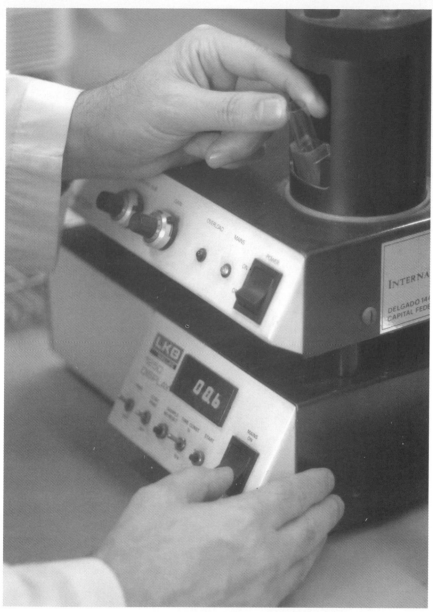

▲ Medición de la energía de los espermatozoides (ATP)

Electroeyaculador

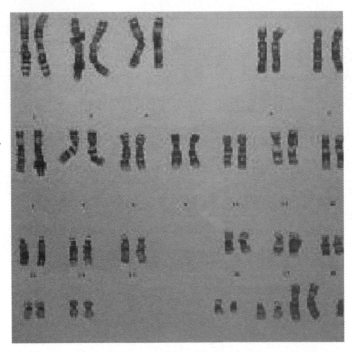

Estudio cromosómico (cariotipo) de un paciente con Síndrome de Klinefelter.

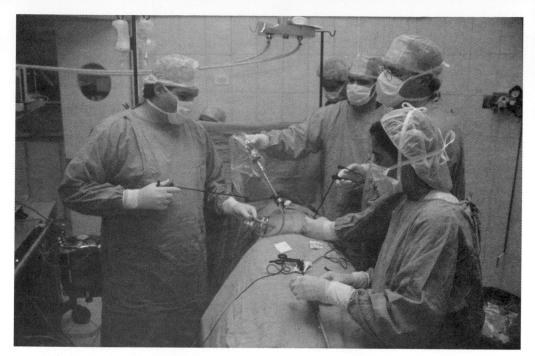

▲ Varicocelectomía laparoscópica

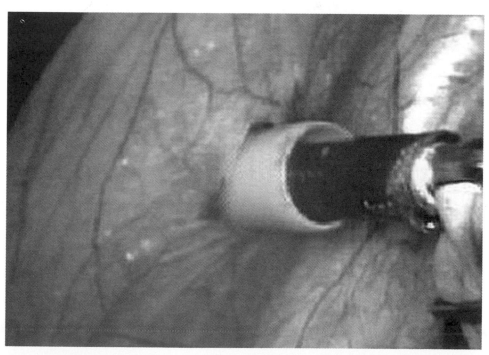

▲ Ligadura de las venas del varicocele con técnica laparoscópica.

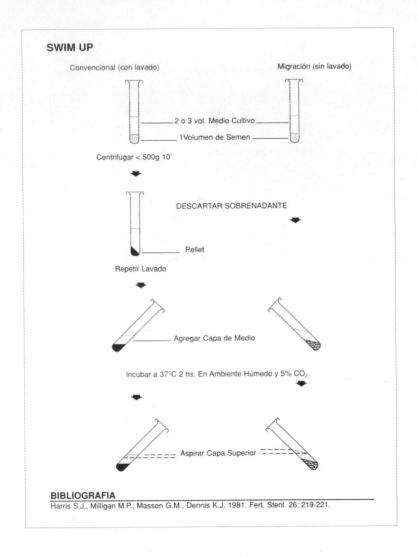

SWIM UP

Convencional (con lavado)   Migración (sin lavado)

2 o 3 vol. Medio Cultivo
1 Volumen de Semen

Centrifugar < 500g 10'

DESCARTAR SOBRENADANTE

Pellet

Repetir Lavado

Agregar Capa de Medio

Incubar a 37°C 2 hs. En Ambiente Húmedo y 5% CO_2

Aspirar Capa Superior

BIBLIOGRAFIA
Harris S.J., Milligan M.P., Masson G.M., Dennis K.J. 1981. Fert. Steril. 26: 219-221.

▲ *Swim up* (Técnica de preparación de semen para reproducción asistida).

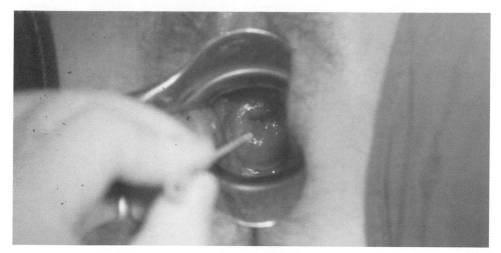

▲ Inseminación intrauterina

Fertilización *in vitro*

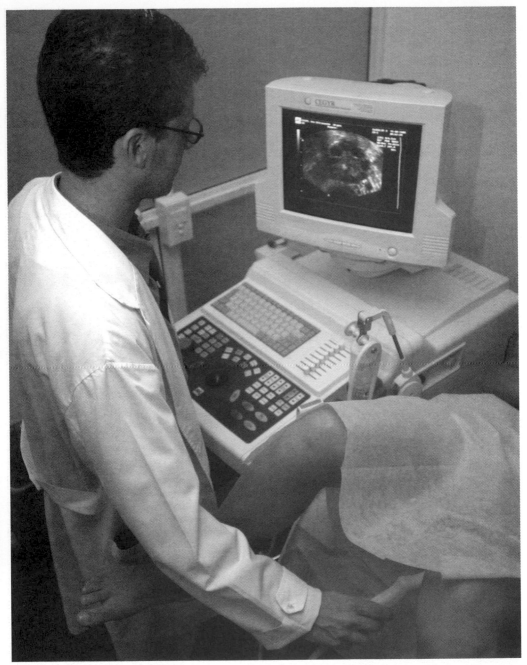

▲ Monitoreo ecográfico de la estimulación de la ovulación.

▼ Obtención de los óvulos mediante punción ovárica transecográfica.

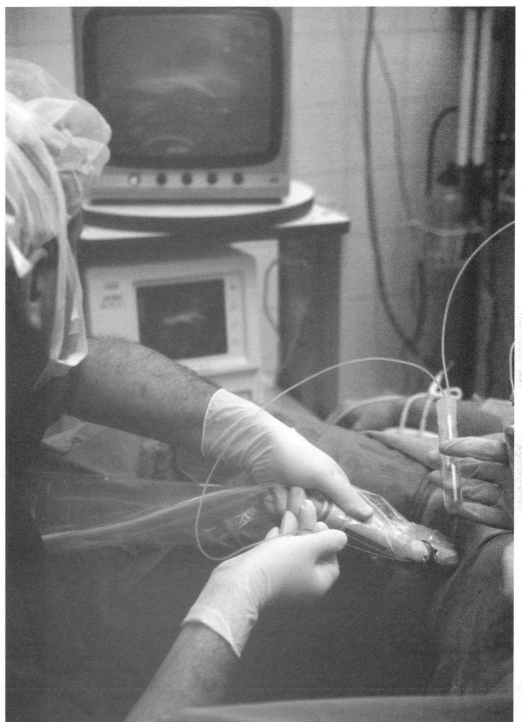

Hallazgo de los óvulos

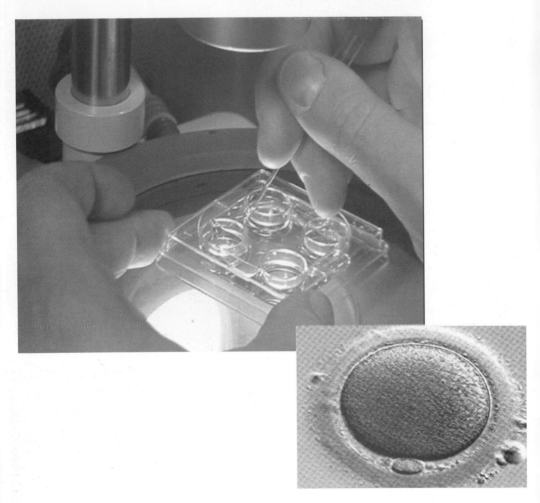

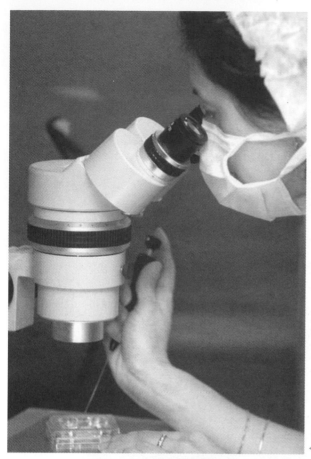

◀ Captación de óvulos

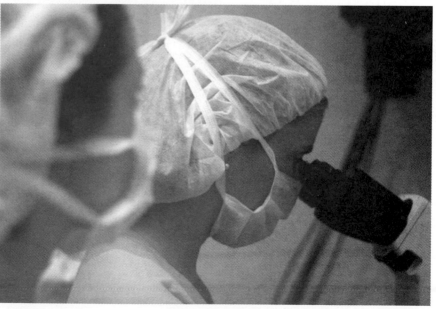

▲ Observación de embriones

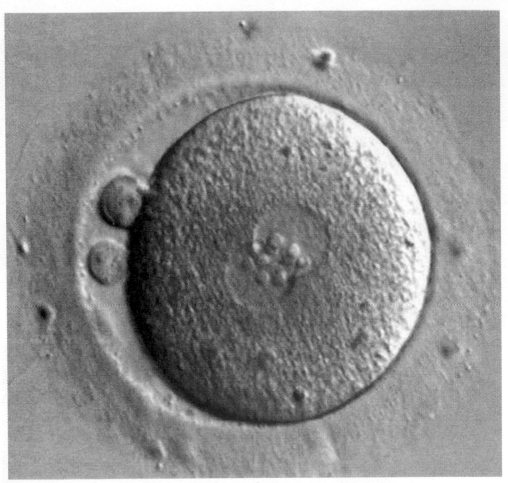

▲ Óvulo fertilizado, mostrando los dos pronúcleos

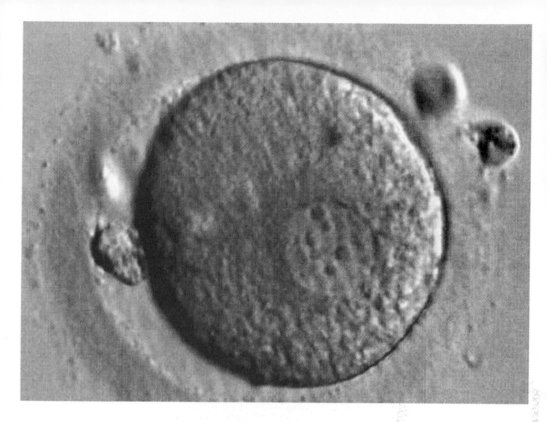

Fertilización anormal:
▲ Óvulo con un pronúcleo y
▼ Óvulo con tres pronúcleos

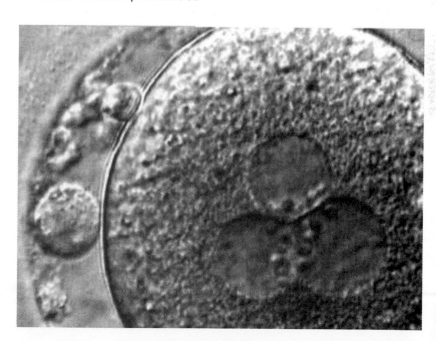

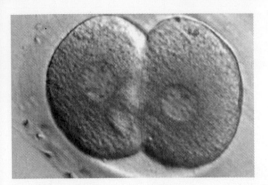

▲ Embrión de dos células

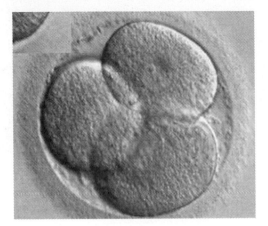

▲ Embrión de tres células

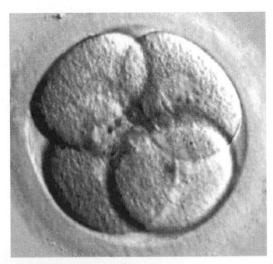

▲ Embrión de cuatro células

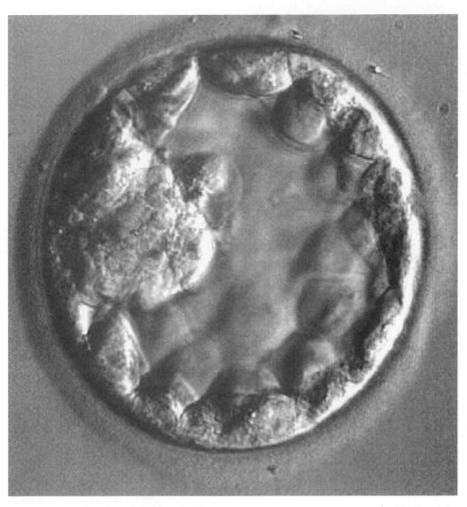

▲ Blastocisto

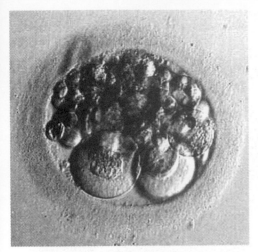

▲ Embrión clase I (pobre calidad)

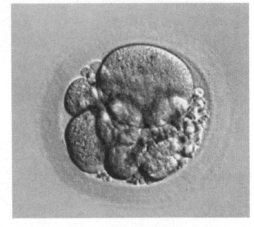

▲ Embrión clase II (pobre calidad)

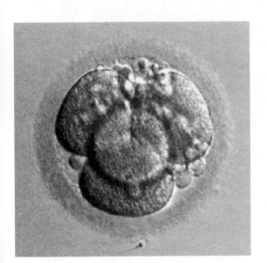

▲ Embrión clase III (buena calidad)

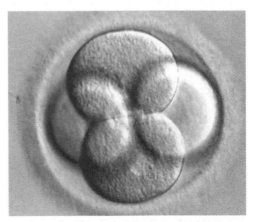

▲ Embrión clase IV
(muy buena calidad)

▲ Congeladora y termos de almacenamiento para espermatozoides, óvulos y embriones criopreservados.

▲ Equipo del Laboratorio de embriología del CEGYR: doctor Santiago Brugo Olmedo (derecha), licenciado Mariano Lavolpe (izquierda), licenciadas Sabrina de Vincentiis (izquierda) y Florencia Nodar (derecha).

lizaban; es decir, que aunque se colocaran los espermatozoides con los óvulos en una pequeña cápsula en un medio de cultivo adecuado, no siempre se producía la fertilización. Luego surgieron otras indicaciones para beneficiarse con esta técnica, como por ejemplo, la endometrosis.

Pocos años después, surgió la transferencia de óvulos y espermatozoides en las trompas, técnica denominada GIFT. Esta técnica, donde la fertilización en realidad es in vivo, o sea que sucede dentro del cuerpo de la mujer, fue muy utilizada en su momento porque los medios de cultivo para las gametas y embriones no estaban todavía muy desarrollados y los resultados de embarazo mostraban ser superiores cuando se utilizaban las trompas.

Con el tiempo, se formularon nuevos medios de cultivo y los resultados de la fertilización in vitro se igualaron y luego superaron a los obtenidos con el GIFT, por lo que prácticamente este procedimiento no es utilizado en la actualidad.

A partir de entonces casi todo fue posible; los problemas de esterilidad del hombre han sido resueltos en su gran mayoría, no importa cuán pocos espermatozoides tenga el varón, ni prácticamente de qué calidad sean. La única condición es que estén vivos.

¿Cuándo está indicada?

Por lo general, la fertilización in vitro es indicada en los casos de obstrucción tubaria uni o bilateral, baja cantidad y/o calidad del semen, esterilidad sin causa aparente (ESCA) y endometrosis.

Obstrucción tubaria uni o bilateral

Cuando una o las dos trompas están obstruidas y se ha intentado corregirlas quirúrgicamente o no son corregibles por el tipo de lesión que presentan, la fertilización in vitro es una muy buena solución.

En ocasiones, las trompas están conservadas pero existen adherencias entre ellas y los órganos pelvianos, de manera tal que se pierde el contacto normal entre trompas y ovarios, es decir que cuando la mujer ovula, el óvulo no puede penetrar en la trompa. Esta situación también podrá ser resuelta mediante esta técnica.

Baja cantidad o calidad del semen

Como se ha visto, existen diversas enfermedades que pueden ocasionar trastornos en el semen de un hombre. En el caso de cualquier enfermedad que sea, si no es posible curarla, se recurre a la fertilización in vitro, pero es importante recordar que el semen debe tener ciertas características sin las cuales no se fertilizarán los óvulos.

Luego de procesado el eyaculado, mediante el *swim-up* o el Percoll, se debe tener al menos dos millones de espermatozoides móviles traslativos rápidos; de lo contrario, no se puede aplicar esta técnica.

Además, se necesitan ciertas condiciones de calidad que no se refieren sólo a la cantidad o movilidad sino a la morfología espermática. Se sabe que si en un semen existen demasiados espermatozoides anormales, su capacidad fertilizante está disminuida.

En el capítulo de espermograma se explicó el criterio estricto de morfología de Kruger. De acuerdo con ese criterio, si la morfología de los espermatozoides normales es menor al 14%, puede tener dificultades en la fertilización de los ovocitos; pero si esa morfología normal es menor de 4%, entonces sabemos con seguridad que los ovocitos no fertilizarán.

En resumen, es necesario conocer perfectamente la cantidad y calidad de los espermatozoides para saber si se puede realizar una fertilización in vitro.

ESTERILIDAD SIN CAUSA APARENTE

La esterilidad sin causa aparente (ESCA) no es muy frecuente pero existe, y es importante tenerla en cuenta.

Esta situación ocurre cuando una pareja ha sido debidamente estudiada y sin embargo no fue posible encontrar la causa de su problema.

La mujer presenta un buen moco cervical con migración de espermatozoides normal, un útero y trompas bien conformadas y ovula regularmente, y el varón tiene un espermograma normal en cantidad y calidad de espermatozoides. Sin embargo, el embarazo no se concreta.

En estos casos de ESCA, la fertilización in vitro, además de darles una muy buena posiblidad de embarazo, permitirá conocer detalles mucho más íntimos y precisos de las gametas (espermatozoides y óvulos), de la interacción de ambos, la fertilización y la calidad de embriones que se generan.

Es relativamente frecuente que en una pareja con ESCA que recurre a la FIV, se descubran anormalidades en la calidad de los óvulos o en la calidad de los embriones, que ni se sospechaban porque la mujer ovulaba en forma regular y sin ningún problema.

Tampoco es raro hallar severos defectos en la capacidad de fertilización de los espermatozoides porque éstos resultaron ser defectuosos, a pesar que los estudios previos no lo detectaban.

ENDOMETROSIS

La endometrosis es una enfermedad muy frecuente en la mujer cuando está en edad reproductiva.

Se caracteriza por la presencia de células del endometrio en lugares extrauterinos, es decir, en las trompas, los ovarios o la cavidad abdominal. Dentro de esta última, se alojan en la membrana que envuelve esta cavidad llamada peritoneo; es así que podrán encontrarse células de endometrio, o sea endometrosis en el peritoneo entre la vejiga y el útero (espacio vesicouterino) o en el peritoneo que se encuentra entre el útero y el recto (fondo de saco de Douglas). En ocasiones, cuando la endometrosis se aloja en los ovarios, puede formar quistes que se denominan endometriomas.

Esta enfermedad produce cambios químicos en el medio ambiente abdominal que estará en contacto con el óvulo cuando éste caiga del ovario durante la ovulación. Estos cambios químicos podrían afectar su capacidad fertilizante o inducirlo a formar embriones defectuosos.

El tratamiento habitual de la endometrosis es quirúrgico, a través de una laparoscopía. La curación consiste en extirpar o quemar todos los focos de endometrosis y a veces se completa con un tratamiento médico posterior. La FIV es una indicación precisa en los casos donde el tratamiento quirúrgico no consiguió el embarazo.

Estimulación de la ovulación

La mujer ovula mensualmente un solo óvulo por vez; esto es insuficiente para un procedimiento de FIV, en el cual necesitamos una mayor cantidad de óvulos.

Por ese motivo es que debemos recurrir a la estimulación de la ovulación mediante medicación, con lo que conseguiremos varios óvulos. Éstos serán sincrónicos, es decir que estarán en una etapa madurativa similar entre ellos.

La estimulación para FIV e ICSI debe ser un poco más intensa que cuando se realiza para inseminaciones.

Esto significa que la cantidad de gonadotrofinas que administraremos a la paciente será aproximadamente el triple. Por otra parte, y para evitar la acción de la hormona LH de la propia paciente, que nos puede entorpecer la estimulación, deberemos indicar otra medicación que se llama análogo de GnRH o antagonista de GnRH.

En el caso de usar análogos de GnRH, habitualmente comenzaremos a estimular a la paciente el día veintiuno del ciclo anterior, es decir, una semana antes de su próxima menstruación.

De esta manera nos aseguraremos una respuesta óptima a la acción de las gonadotrofinas que comenzaremos una vez terminada la menstruación, siempre y cuando el dosaje de estradiol sanguíneo y la ecografía transvaginal nos aseguren que los ovarios han sido suprimidos por completo por el análogo y estamos listos para iniciar la segunda etapa de la medicación, es decir, la administración de las gonadotrofinas.

Éstas se indican por unos seis a ocho días, habitualmente, y, efectuando varias ecografías y controles de estradiol sanguíneo (en general cuatro o cinco), verificamos el tamaño de los folículos y el nivel de estradiol sanguíneo alcanzado. De acuerdo a esos parámetros, deberemos administrar la hormona coriónica que, reemplazando a la LH, producirá la maduración de los óvulos y la ruptura de los folículos.

A las treinta y cuatro horas de la colocación de la hormona coriónica hay que realizar la punción y extracción de los óvulos. Si llegáramos antes a la punción los óvulos serían inmaduros y no servirían para la fecundación; si por el contrario nos atrasáramos, como la mujer ovula a las treinta y seis horas, perderíamos los óvulos que, una vez que caen de los ovarios, son imposibles de encontrar.

Si decidimos usar antagonistas de GnRH, deberemos comenzar la estimulación de la paciente el mismo ciclo en el que queremos hacer el procedimiento de FIV o ICSI. Los antagonistas se deberán administrar sólo un par de días, y en general recién cuando, luego de comenzada la estimulación con las gonadotrofinas, los folículos adquieren un tamaño de aproximadamente catorce milímetros.

En estos casos no es un problema que la paciente tenga muchos óvulos, ya que serán extraídos de los ovarios y luego colocaremos solamente dos o tres embriones, según el tipo de respuesta y diagnóstico.

De todas maneras, hay que tener en cuenta que en esta clase de estimulación también puede darse un síndrome de hiperestimulación.

Por el contrario, también puede ocurrir que la paciente no responda con la intensidad y cantidad de folículos que quisiéramos y a estas pacientes las llamamos "bajas respondedoras".

En estos casos, que en general se pueden identificar previamente teniendo en cuenta la edad y la FSH de la paciente, es posible planificar una estimulación más intensa, acorde con la reserva ovárica de la mujer.

El trabajo en el laboratorio: un paso ineludible en la FIV

IDENTIFICACIÓN DE LOS ÓVULOS

Los líquidos foliculares van llegando uno a uno al laboratorio procedentes del quirófano en unos pequeños tubos especiales. Esos líquidos son volcados en unas cápsulas que están a 37° de temperatura y que se van colocando en un microscopio de relativo bajo aumento, que también se llama "lupa".

Gracias a ella podemos encontrar con rapidez los óvulos que están contenidos en esos líquidos foliculares. A medida que los vamos individualizando, los colocamos en una cápsula definitiva que se ubica en una estufa especialmente diseñada para poder cultivar este tipo de células.

PREPARACIÓN DEL SEMEN

Al mismo tiempo, en otro sector del laboratorio, se va preparando a los espermatozoides.

En primer lugar, debemos separar el semen de los espermatozoides y en segundo término, se seleccionan los espermatozoides móviles traslativos rápidos y se descartan los inmóviles, los muertos, las células inmaduras, etcétera.

Todo esto se consigue procesando el semen con lo que se denomina el *swim-up*.

Para realizar el *swim-up*, se coloca el semen en el fondo de un tubo cónico y se le agrega muy lentamente un líquido que se llama medio de cultivo, muy rico en proteínas y otras sustancias beneficiosas para los espermatozoides, por encima, cuidando que no se mezclen las dos capas.

Una vez conseguido esto, se coloca ese tubo dentro de una estufa a 37° y con una concentración de gases adecuada, que imita el interior del cuerpo humano.

Luego de una hora, se retira el tubo de la estufa y se aspira el medio de cultivo colocado sobre el semen.

Allí se encontrará nadando a todos los espermatozoides que pudieron salir del semen porque eran móviles rápidos. De esta manera se consigue el doble objetivo de separarlos del semen y elegir los mejores.

Una vez chequeada la cantidad y movilidad de estos espermatozoides, permanecerán en un pequeño tubo hasta que sean utilizados en la FIV o el ICSI.

Es importante saber que, al estar en ese medio de cultivo, pueden pasar horas sin que se altere en lo más mínimo la calidad de los espermatozoides.

INSEMINACIÓN DE LOS ÓVULOS

Luego de tres a cinco horas desde que fueron encontrados y guardados los óvulos, se procede a su inseminación, es decir, a ponerlos en contacto con los espermatozoides.

Esto se realiza introduciendo en la cápsula donde están alojados los óvulos, aproximadamente 200.000 espermatozoides móviles traslativos rápidos. Esta cápsula es colocada nuevamente en la estufa hasta el día siguiente, momento en que se verifica si se produjo la fertilización.

VERIFICACIÓN DE LA FERTILIZACIÓN

Dentro de las 12 a 19 horas de la inseminación o inyección de los óvulos, se retiran por unos breves momentos de la estufa y se buscan los signos que aseguran que la fertilización fue un éxito.

Este signo es fundamentalmente la aparición de los denominados "pronúcleos", que en el caso de la fertilización normal son dos, contienen los 23 cromosomas del espermatozoide y los 23 del óvulo.

Horas después se unirán en el proceso llamado "singamia", y posteriormente comenzarán a dividirse, es decir a multiplicar sus células, porque se formó un embrión.

OBSERVACIÓN DEL EMBRIÓN

Los embriones que se originaron como consecuencia de la FIV o el ICSI, no son todos iguales.

Pueden tener diferente cantidad de células, y presentar ciertas características que los hacen más aptos o menos, para lograr la implantación en el endometrio, es decir, en el útero.

Según la cantidad de horas transcurridas, podrán ser embriones de dos, cuatro, seis, ocho o más células.

Por ejemplo, al día siguiente de la verificación de la fertilización (48 horas), lo esperable es que tengan entre dos y cuatro células; al otro día, es decir 72 horas, lo habitual es que presenten entre seis y ocho células.

Además de la velocidad en dividirse (velocidad de clivaje), es importante detectar fragmentos en los embriones. La presencia de estos fragmentos puede significar que la posibilidad de ese embrión de implantarse en el útero sea menor que aquellos que no presentan fragmentos o si los tienen, son muy pocos.

TRANSFERENCIA EMBRIONARIA

A las 48 ó 72 horas de la inseminación o la inyección de los óvulos, se deberá efectuar la transferencia de estos embriones a la cavidad uterina de la paciente.

Esta transferencia debe ser extremadamente delicada y cuidadosa.

Se hace utilizando un catéter de punta muy blanda para no lastimar la cavidad. Habitualmente se combina con una ecografía para estar seguros de que la punta del catéter esté alojada en el lugar correcto antes de depositar los embriones en ella.

De acuerdo con la edad de la paciente, se transfieren dos, tres o cuatro embriones. En general, si la paciente tiene menos de 37 años, se colocan dos embriones; hasta 40 años, tres, y luego cuatro embriones por paciente. También hay que tener en cuenta otros parámetros para tomar la decisión de cuántos embriones transferir, como por ejemplo la calidad de los embriones, el tipo de respuesta que tuvo la paciente a la estimulación ovárica o la existencia de otras enfermedades que pudieran disminuir la posibilidad de embarazo, como por ejemplo la endometrosis ovárica (endometriomas).

Inmediatamente después de realizada la transferencia se verifica en la lupa si en el catéter no ha quedado ningún embrión y se da por concluido el procedimiento.

Inyección de un espermatozoide en el óvulo (ICSI)

En 1993, un grupo de científicos de la Universidad de Bruselas, Bélgica, anunció los primeros embarazos obtenidos mediante una técnica totalmente revolucionaria llamada ICSI, consistente en la inyección de un espermatozoide vivo dentro de un óvulo, utilizando un micromanipulador.

Esta técnica significó la solución de prácticamente todos los problemas de fertilidad que un hombre puede tener. Sin importar qué tipo de semen tenga, en casi todos los casos en los que existan espermatozoides en el semen o incluso en el testículo, las posibilidades de embarazo son muy buenas. La edad de la mujer y su capacidad ovárica juegan un papel fundamental en el pronóstico.

Semen de muy baja calidad

Es obvio que la indicación más común para realizar un ICSI es la mala calidad del semen, ya sea por problemas severos en la cantidad de espermatozoides, o en su movilidad, o incluso en su morfología. Todos aquellos casos donde sospechamos que no lograremos fertilización con una simple inseminación de los óvulos, serán los indicados para realizarles ICSI.

Otras indicaciones

También la esterilidad sin causa aparente y las pacientes que tienen muy pocos óvulos pueden ser indicación para un ICSI, por temor a no lograr fertilización con el FIV.

El trabajo en el laboratorio

En términos generales, la rutina es prácticamente la

misma que en el caso de la FIV, excepto porque se debe proceder a inyectar cada uno de los óvulos con un espermatozoide vivo, en lugar de su simple inseminación. Para ello hace falta un micromanipulador, que es un microscopio especial que tiene adosado un sistema hidráulico para manipular unas micropipetas con gran precisión y permite colocar una célula adentro de otra (el espermatozoide dentro del óvulo).

Una vez inyectados los óvulos, el resto de la rutina, la verificación de la fertilización, etcétera, es la misma que para la FIV.

Los resultados con respecto a embarazos también son completamente comparables con la FIV.

CAPÍTULO 9

BREVE HISTORIA DE LA FERTILIZACIÓN IN VITRO

Sueño de una noche de verano (boreal)

Tres minutos antes de la medianoche del 25 de julio de 1978, nació en el Oldham General Hospital de Inglaterra una bebé rubia y de ojos azules llamada Louise Brown. La novedad no hubiese pasado los límites de la alegría materna y paterna si no fuera porque se trataba del primer nacimiento del mundo mediante técnicas de fertilización in vitro.

Los doctores Patrick Steptoe —ya fallecido— y Robert Edwards fueron los responsables del éxito de ese procedimiento para combatir la infertilidad que revolucionó la historia de la reproducción humana. A partir de entonces, cientos de miles de personas nacieron mediante este método que con el tiempo fue alcanzando altos niveles de sofisticación.

Las investigaciones conjuntas de ambos especialistas comenzaron en 1966, siguiendo métodos heterodoxos, ya que debían sortear la escasez de fondos y el descreimiento ajeno.

No fue sencillo el camino de estos hombres. Sus trabajos fueron fuertemente criticados por los especialistas de entonces. En 1971, durante una reunión médica realizada en Washington, James Watson, uno de los descubridores del ADN, castigó a Edwards con una frase lapidaria: "Usted sólo puede seguir adelante con su trabajo si acepta la necesidad del infanticidio", le dijo.

El Consejo Británico de Investigaciones Médicas (British Medical Research Council), por su parte, negó entregar fondos para apoyar las investigaciones de Steptoe y Edwards, aduciendo reparos éticos ante sus experimentos.

Curiosamente, fue una fundación norteamericana la que ayudó económicamente a ambos para seguir adelante. Sin embargo, la idea de la entidad era el uso de la fertilización in vitro como sistema experimental, con el fin de analizar el desarrollo de métodos anticonceptivos. Toda una ironía, ya que aquel dinero destinado a mejorar métodos para evitar embarazos, permitió avanzar hacia el posterior nacimiento de 1978.

Lesley y John Brown, de 30 y 38 años respectivamente, llevaban casi una década tratando de tener un hijo y pese a sucesivas consultas médicas, no habían logrado su objetivo.

En 1977, llegaron al consultorio de Steptoe, quien les ofreció una solución posible que no garantizaba seguridades. Luego de una semana de evaluarlo, John, camionero de los ferrocarriles británicos, y su mujer Lesley, decidieron avanzar. Nunca imaginaron que un año después, su hijita Louise entraría a formar parte del Libro Guiness de los Récords.

Aún con escepticismo, el mundo empezó a hablar de esta técnica, cuyo resultado sería, de acuerdo con los reportes periodísticos, "un bebé de probeta". ¿Podría producirse el nacimiento? Y de ser así, ¿el ser humano por venir al mundo sería normal? ¿Tendría deformaciones, fallas genéticas, problemas de algún tipo? Éstas y otras fueron las preguntas y dudas popularizadas en aquel entonces.

Incluso, algunos llegaron a recordar la novela *Un mundo feliz*, del escritor inglés Aldous Leonard Huxley, donde se auguraba una sociedad de ficción en la que existían granjas que albergaban "criaderos humanos".

Los diarios de la época tomaron la noticia del nacimiento como un hecho histórico, similar en importancia, según algunos medios, "al descenso del hombre en la Luna" ocurrido en la década anterior.

No siempre la información sobre el tema fue bien manejada por el periodismo inglés, al punto que algunos medios dieron por muerto al bebé en la panza de su madre.

Una mañana, Lesley preguntó entre lágrimas a Steptoe: "¿Es cierto que mi bebé murió? Eso es lo que leí en un diario, pero he leído tantas cosas...".

Nada de eso ocurrió. Louise Joy Brown nació sana y trajo un pan bajo el brazo, ya que al poco tiempo, los ofrecimientos monetarios de la prensa británica a cambio de entrevistas exclusivas le permitieron a la familia abandonar su modesto departamento para mudarse a una casa más confortable, siempre en Bristol.

En 1982, los Brown tuvieron otra hija, Natalie, mediante el mismo procedimiento.

Made in Argentina

Pasaron ocho años desde el nacimiento de Louise, hasta

que la fertilización in vitro se instaló en la Argentina. El 7 de febrero de 1986, nacieron Eliana y Pablo Delaporte, mellizos que hoy residen en Tucumán. El tratamiento de la madre, también llamada Eliana, estuvo a cargo de un equipo del Centro de Estudios en Ginecología y Reproducción (CEGyR), de Buenos Aires. Viví todo aquello en el laboratorio.

Fue uno de los momentos más emocionantes de mi vida profesional. Después de haber inseminado los óvulos de la madre con los espermatozoides del padre, nos fuimos al cine con un colega para despejarnos. Pero no resistimos la tentación, al terminar la película, de volver al laboratorio: sentíamos que estábamos cuidando a los bebés.

Al día siguiente, al comprobar que siete óvulos estaban felizmente fertilizados, llamé a Norfolk, Estados Unidos, para dar la buena nueva. Después de todo, fue allí donde me había estado entrenando para lograr lo que en esa época era un hito en la Medicina reproductiva argentina.

Desde aquel embarazo —hace un cuarto de siglo— hasta ahora, la fertilización in vitro avanzó en todos los terrenos. Nuevas tecnologías y descubrimientos hicieron más seguros, más sencillos y más eficaces estos procedimientos.

En marzo de 2002, Robert Edwards fue uno de los tres mil especialistas que participaron del Congreso Mundial de Fertilización In Vitro y Biología Molecular que se desarrolló en Buenos Aires. Con su muy británico saco a cuadros y su sonrisa cortés, el hombre a quien se conoce como "el padre la fertilización in vitro" pasó casi inadvertido entre periodistas de varios países que buscaban a los mayores exponentes del tema de moda: la clonación humana y animal.

Lejos había quedado la época en que el viejo profesor era demonizado por una parte de la opinión pública mundial. Me enteré en esos días de que Edwards se había casado con Ruth Fowler, nieta de Ernest Rutherford, el hombre que diseñó la teoría sobre la división del átomo y ganó el premio de Química en 1908. Al conocer a Ruth, ni siquiera intuía Edwards sus propios descubrimientos futuros. No falta quien dice que su matrimonio fue una premonición.

El sábado 26 de Julio de 2003 hubo una fiesta con más de 5.000 invitados en la Bourn Hall Clinic de Inglaterra para festejar el cumpleaños 25 de Louise Brown. Allí estaban el doctor Edwards, Louise y centenares de chicos y chicas nacidos mediante fertilización in vitro. Entre los felices padres se contaban madres con problemas para concebir y padres infértiles. Ese día jugaron con sus hijos.

PARTE
IV

Capítulo 10

El diagnóstico genético de los embriones

Desde la década de los 90 es posible analizar los cromosomas de los embriones en el laboratorio, antes de proceder a su transferencia al útero.

El objetivo del diagnóstico genético preimplantatorio (PGD, según la sigla en inglés de esta técnica utilizada internacionalmente) consiste en estudiar la composición genética de los embriones y a partir de allí, evitar la transferencia de un embrión enfermo.

¿Qué se hace con el embrión enfermo?

Existen dos posibilidades: descartarlo o congelarlo con la esperanza de que con los avances de la Ciencia, pueda ser factible, el día de mañana, curar el embrión genéticamente enfermo y posibilitar su transferencia.

¿Qué tipo de enfermedades pueden tener los embriones?

Existen dos grandes tipos de anormalidades genéticas en el embrión humano. Por un lado, las enfermedades cromosómicas, y por el otro, las anomalías génicas.

Las enfermedades cromosómicas son las que suceden cuando el número de cromosomas está cambiado, en más o en menos, o cuando su disposición está alterada.

Las anomalías génicas son aquellas situaciones donde uno o más genes (pequeñísima parte de un cromosoma) están alterados y funcionan mal. La alteración se llama "mutación".

¿Cuáles son las más frecuentes?

El ejemplo más común y frecuente de una enfermedad en el número de cromosomas es el Síndrome de Down, donde se encuentra un cromosoma de más, el número 21. Otro típico ejemplo de enfermedades cromosómicas referida al número, es el Síndrome de Klinefelter, donde lo que está sobrando es un cromosoma X. Estos pacientes tienen en la inmensa mayoría de los casos, azoospermia, es decir, no poseen espermatozoides.

Pero, como mencionamos más arriba, también puede haber errores en la disposición de los cromosomas y es así que pueden ocurrir traslocaciones cromosómicas.

Un ejemplo relativamente frecuente es la traslocación de parte del cromosoma 13 en parte del cromosoma 14, dando así lo que se denomina una traslocación 13, 14.

Estos pacientes, si son mujeres, pueden sufrir abortos espontáneos o tener niños con malformaciones severas; si ocurre en el varón, también podrá provocar el aborto en su mujer o descendencia anómala.

En el caso de las enfermedades génicas, pueden ser muy graves, e inclusive llevar a la muerte del paciente.

Algunos ejemplos relativamente frecuentes son la distrofia muscular de Duchenne y la Corea de Huntington.

En el primero de los casos, el niño nace sano en apariencia, pero poco tiempo después comienza a sentir dificultades para moverse correctamente y poco a poco va quedando discapacitado: alrededor de los 10 años debe permanecer en silla de ruedas, y a los 15, en promedio, muere.

En el caso de la Corea de Huntington, el paciente nace aparentemente sano pero alrededor de los 30 años comienza a sufrir ciertos trastornos neurológicos que lo llevan a la muerte rápidamente.

Como se puede apreciar, estas enfermedades, en muchas oportunidades, son graves.

¿Cuándo es sano el embrión?

Cuando todas y cada una de las células de ese embrión tienen 46 cromosomas totalmente normales.

Hoy en día es posible quitarle una de esas células sin producir daño en el embrión, y estudiar sus cromosomas para conocer cómo es la constitución cromosómica; de esa manera podremos saber si tiene o no enfermedades genéticas o génicas.

Indicaciones del estudio genético embrionario

MUJERES MAYORES DE 38 AÑOS

Es sabido que a medida que avanza la edad de la mujer, es mayor la posibilidad de que tenga hijos con problemas genéticos. Los estudios realizados hasta este momento, señalan que probablemente los cromosomas de los óvulos sufren cambios con la edad y tienen mayor predisposición para combinarse de manera errónea con los cromosomas del espermatozoide.

Una de las típicas enfermedades en estos casos, es el Síndrome de Down.

PACIENTES CON ANTECEDENTES DE ENFERMEDADES
GENÉTICAS EN LA FAMILIA

Puede existir cierta predisposición familiar para sufrir determinadas enfermedades genéticas que aconsejen estudiar los embriones por su alta frecuencia de aparición.

El antecedente de que un sobrino, un tío, un primo, sufre un trastorno cromosómico, nos debe hacer pensar que puede repetirse en la familia.

PACIENTES CON ABORTOS A REPETICIÓN

Hay mujeres que han sufrido dos, tres o más abortos muy tempranos (primer trimestre del embarazo) sin causa aparente. Estas pacientes no son estériles sino infértiles, es decir, no tienen dificultades para lograr el embarazo sino para retenerlo. Muchas veces, la causa de estas pérdidas son fallas genéticas en la mujer o en el hombre.

Es importante aclarar que estas anomalías genéticas que

ocasionan abortos, generalmente no se evidencian en los progenitores, es decir, que la pareja no tiene el mapa genético alterado; sin embargo, en el producto del embarazo perdido, se pueden encontrar enfermedades genéticas.

PACIENTES QUE FRACASARON EN SUCESIVOS INTENTOS DE REPRODUCCIÓN ASISTIDA

Existen pacientes que intentaron varios tratamientos de FIV o ICSI, obtuvieron embriones, y sin embargo nunca lograron el embarazo. En ocasiones, el motivo de estos fracasos es que los embriones que se generaron tuvieron siempre una constitución genética anormal. Esta enfermedad genética de los embriones les imposibilitó que lograran alcanzar la implantación en el útero.

FALLAS ESPERMÁTICAS SEVERAS

A veces, el varón tiene anomalías muy importantes en el semen que pueden acompañarse con fallas genéticas en los espermatozoides. Es el caso de los hombres con azoospermia.

En aproximadamente el 60% de ellos, es posible encontrar algunos espermatozoides en los testículos, durante el transcurso de una biopsia testicular.

Aunque la probabilidad de lograr el embarazo utilizando esos espermatozoides testiculares mediante el uso del ICSI es muy frecuente, debemos estar alertas ante la posibilidad de que estos embriones sean genéticamente enfermos. También puede suceder lo mismo en pacientes con una cantidad muy pequeña de espermatozoides por lesiones severas de los testículos.

Pacientes que no tienen esterilidad pero son portadores de enfermedades genéticas o génicas

Como mencionamos más arriba, hay pacientes que no tienen dificultades para lograr el embarazo, pero saben que son portadores de una anomalía cromosómica o génica grave que puede comprometer la vida de su descendencia. En estos casos, se les podrá ofrecer tener hijos por FIV y estudiar genéticamente a los embriones.

¿Cómo se hace el estudio genético preimplantatorio?

Cada célula del embrión debe tener 46 cromosomas normalmente dispuestos para que ese embrión sea sano. También es importante saber que cada célula en ese estadío embrionario (estamos hablando de embriones de 6 a 8 células, aproximadamente) es lo que se llama totipotencial, es decir que todavía no se ha diferenciado para formar parte del futuro cuerpo y puede ser el origen de cualquier órgano o tejido del futuro individuo. Por este motivo, quitar una o dos células a ese embrión no lo perjudica para su futuro desarrollo.

Entrando en el embrión

El embrión está rodeado de una estructura densa que lo rodea y contribuye a que todas sus células se mantengan unidas. Esta estructura, como la cáscara del huevo, se llama zona pelúcida. Para ser capaces de tomar una célula y analizarla, deberemos hacer un pequeño orificio en esa capa con una pipeta especial o con rayo láser, y de esa manera podremos, con otra pipeta, aspirar una célula del embrión para ser analizada.

Estudiando la genética

A esa célula extraída le agregaremos un líquido que teñirá de colores fluorescentes los cromosomas a estudiar. De esta manera, y utilizando un microscopio inmunofluorescente, estaremos en condiciones de conocer la composición cromosómica del embrión, ya que esta sola célula es representativa de las demás. Es importante destacar que podremos observar aproximadamente cinco a siete cromosomas, es decir que, teniendo en cuenta que el embrión posee 46 cromosomas, estamos lejos del total. Sin embargo, esos pocos cromosomas estudiados, son los que con mayor frecuencia se pueden encontrar alterados.

¿Cuál es el margen de error en el PGD?

Existe un 5 por ciento de margen de error; es decir, que podemos tener una célula sana y que sin embargo, el resto de las células del embrión sean enfermas, o viceversa. Por lo tanto, podemos afirmar, que esta técnica de estudio genético preimplantatorio, tiene un 95 por ciento de exactitud.

La naturaleza de la técnica acarrea una profunda discusión filosófica y ética y será tratada en el capítulo correspondiente.

La congelación de embriones

Desde hace varios años, la estimulación ovárica perfeccionada con nuevos compuestos hormonales y nuevas combinaciones de ellos, permitió obtener un mayor número de ovocitos.

En un principio, allá por fines de la década de los 70 y

principio de la de los 80, la cantidad de ovocitos obtenidos luego de una estimulación ovárica no pasaba de cinco o seis. Pero a partir de nuevas formulaciones hormonales y combinaciones con otras drogas, se logró un número creciente de ovocitos luego de la aspiración de los folículos, que hoy en día es de once o más óvulos por paciente.

Quiere decir que se abrió la posibilidad de obtener más embriones que los que se necesitan en ese momento y por lo tanto, se comenzó a congelar los excedentes.

Es así que se publicó, a finales de la década de los 80, el primer embarazo y nacimiento de un bebé luego de haber sido criopreservado en nitrógeno líquido a 198° bajo cero.

A partir de ese momento, en el mundo entero, se desarrolló cada vez con más éxito la técnica de congelamiento de los óvulos fertilizados y también de los embriones.

Para lograr congelar estas estructuras, es imprescindible mezclarlas con un líquido que se denomina crioprotector; el objeto es eliminar por completo el contenido de agua del interior de las células del embrión o del ovocito fertilizado para evitar la formación de cristales de hielo. Una vez conseguido ese objetivo, es posible descender la temperatura de manera muy suave y con la ayuda de una computadora, hasta llegar a los 198° bajo cero.

Cuando se decide transferir esos embriones congelados, se debe proceder a llevarlos a temperatura de 37°. Para lograrlo es necesario descongelar los embriones de manera gradual, y existen diferentes curvas de ascenso de temperatura que varían según el material congelado: ovocitos fertilizados, o embriones de dos, tres o cinco días.

Sabemos que la posibilidad de embarazo cuando a una paciente se le transfieren embriones previamente congelados es menor que cuando se utilizan embriones frescos. Es importante tener esto en cuenta cuando decidimos congelar. En general se aconseja no congelar menos de dos embriones, en lo posible tres o cuatro.

Podemos decir que debemos transferir el doble de cantidad de embriones congelados que frescos. Por ejemplo, en una paciente menor de treinta y ocho años, habitualmente transferimos dos embriones; en el caso que fueran congelados deberíamos colocar cuatro.

En definitiva, la congelación de embriones optimiza los resultados de la fertilización in vitro.

Pero esta técnica abre un sinnúmero de interrogantes y consideraciones religiosas, éticas, morales y legales que, obviamente, son responsabilidad de cada persona.

La donación de óvulos, espermatozoides y embriones

Generalmente, bajo el concepto de hijo subyace el sinónimo de genética derivada de los padres. En esta sociedad tan cambiante, sin embargo, hemos tenido que remodelar, reconstruir, y aún redefinir, el significado de familia, sus orígenes y alcances.

La donación de gametas, ya sean femeninas (ovocitos) o masculinas (espermatozoides), nos permite en los casos de parejas donde alguna de éstas, sino ambas, se halle ausente, reemplazarla por las de un donante.

En el caso de los espermatozoides, se utilizan muestras criopreservadas de semen de varones donantes anónimos fértiles. En el de los ovocitos, se sincroniza la estimulación de la paciente que recibirá esos ovocitos con la estimulación de pacientes o donantes voluntarias que también de manera anónima aportarán las gametas femeninas.

La otra posibilidad es la donación de embriones para los casos en que la mujer no produce ovocitos, o bien cuando el varón no produce espermatozoides, o ambas circunstancias combinadas.

DONACIÓN DE OVOCITOS

La donación de ovocitos está destinada a la mujer que tiene imposibilidad de producir sus gametas; ya sea por edad avanzada, por menopausia precoz, o por presentar ciertos riesgos genéticos importantes para la descendencia.

Cuando la pareja decide aceptar esta práctica médica, se realiza la selección de una donante de ovocitos que sea absolutamente compatible con la pareja, en cuanto a grupo sanguíneo, factor y características físicas.

Hasta el presente, este tipo de donación se realiza de manera simultánea: es decir en el mismo momento que una mujer dona sus ovocitos de manera anónima, otra acepta estas gametas, para realizar en ese momento un FIV o un ICSI con la muestra de semen de su esposo. No se ha conseguido congelar óvulos con expectativas razonables de éxito hasta este momento, aunque en el mundo se hacen intentos para lograrlo.

Por otro lado, la mujer que recibirá estos ovocitos necesita preparar su endometrio. Esto se hace con medicación específica.

DONACIÓN DE ESPERMATOZOIDES

La indicación más frecuente es el hombre que tiene azoospermia no obstructiva y que no mostró ningún espermatozoide en la biopsia testicular. También puede estar indicada en aquellos varones que presentan una enfermedad genética grave trasmisible.

En el caso de donación de espermatozoides, siempre la muestra que se utiliza es criopreservada. Esta muestra, aportada por un varón fértil, se estudia detalladamente para conocer sus propiedades fertilizantes. Con anterioridad se estudió al donante para tener la certeza de que esté libre por completo de toda enfermedad infectocontagiosa y, además, que no tenga en la familia antecedentes de enfermedades que pudieran ser trasmisibles.

Una vez seleccionada la muestra de un donante compatible, de acuerdo al grupo y factor sanguíneo, como así también a las características físicas del paciente, la misma puede ser utilizada para realizar un inseminación intrauterina, un FIV o un ICSI según lo indique el médico, de acuerdo a las condiciones de la paciente. Por ejemplo, si la mujer tuviera obstrucción tubaria bilateral, entonces no tendría sentido realizar una inseminación intrauterina; por el contrario, se deberá indicar una fertilización in vitro.

La mujer será estimulada para producir ovocitos de manera controlada, de la forma que hemos visto para la inseminación o para la fertilización in vitro, según corresponda.

DONACIÓN DE EMBRIONES

Ésta es una opción elegida por muchas parejas. Toda vez que un matrimonio decide realizar una fertilización in vitro, puede optar por el congelamiento de los embriones sobrantes. En este caso, deberá firmar una fórmula de consentimiento por la que se compromete a "buscarlos" en su debido momento. Si no quisieran, por motivos personales, deberán darlos en adopción o donación a otro matrimonio de manera anónima.

Para ello, se prepara el endometrio de la mujer que recibirá estos embriones. La transferencia embrionaria es muy sencilla y no difiere en nada de la que se lleva a cabo en la fertilización in vitro.

Este tema, como los anteriormente expuestos, tiene muchas implicancias éticas, morales y religiosas que deberán ser planteadas a los pacientes con todo detalle y que requieren un análisis muy profundo, en lo posible con asesoramiento profesional, no sólo por lo referido más arriba, sino también desde el punto de vista psicológico.

Testimonio

PUERTAS QUE SE ABREN

Donación. Qué palabra tan rara para explicarme la manera de poder tener un hijo.

Miré a mi médico pero sin alcanzar a comprender lo que esta palabra aparentemente simple representaba.

No todos somos iguales y los problemas que nos aquejan también son diferentes.

Es así que, en nuestro caso, la solución para poder tener un hijo gestado por nosotros es aceptar semen de un varón donante. También me explicaron que a veces es la mujer quien necesita que se le "donen" los ovocitos ya que o no los produce o tienen algún defecto.

En nuestros diálogos con el médico también me enteré de que muchas parejas aceptan directamente a un embrión que les será donado.

Me costó comprender profundamente el significado de la palabra "donación": ¿buena o mala?, ¿fácil o difícil?, ¿compleja de hacer o simple?

Fue así como incursionamos en un mundo que ni siquiera habíamos imaginado. Luego de desgranarlo, comprenderlo, estudiarlo, informarnos, analizarlo y pensarlo todo nuevamente, mi esposa y yo decidimos intentar este camino.

En nuestro caso, sufrí una orquitis urliana cuando tenía 23 años. Según palabras de nuestro doctor "la fábrica de los espermatozoides, es decir el testículo, anda por eso con problemas y no produce lo que debería". La biopsia testicular que me realicé nos disipó las pocas esperanzas que podíamos llegar a tener en todo este asunto.

Fue ahí donde aparecieron estas palabras raras y mágicas a la vez: "Cuando unas puertas se cierran, otras inevitablemente se abren". Adopción, donación de espermatozoides, donación de embriones, nuevas puertas, nuevos caminos.

Resolvimos ir de a poco. Tomarnos nuestro tiempo para sentir y expresar todo eso que teníamos en nuestro interior. Meses después, lo intentamos. Con éxito.

Hoy tenemos un hermoso bebé que nos alegra la vida y a quien hemos amado desde el primer instante.

PARTE V

Capítulo 11

El impacto psicológico de la infertilidad
por el licenciado Darío Fernández

La infertilidad ha sido catalogada como uno de los eventos más dolorosos de la experiencia humana, comparable en su impacto a la muerte de un padre o al sufrimiento psíquico que produce el padecer una enfermedad terminal.

Hay una incidencia cuatro veces mayor de depresión en personas con problemas reproductivos que en la población en general. También está incrementada la incidencia de trastornos por ansiedad y adaptativos.

Cabe aclarar aquí que estas alteraciones se dan como "consecuencia" de tener dificultado algo tan central como la decisión de ser padres y que no constituyen la "causa" por la cual el embarazo no se produce.

Es frecuente que al ver a su mujer siempre angustiada, el hombre termine pensando que ella no se embaraza porque está mal anímicamente. Al pensar así, lo único que logra es generar más tensión y una predisposición negativa hacia su pareja.

Por lo general, quien se muestra más afectada emocionalmente por este tipo de problema es la mujer. Además de que el hecho de ser madre sigue siendo un pilar fundamental de su identidad, la mujer tiene "permiso social" para llorar, mostrarse débil y pedir ayuda.

Sin embargo, la sociedad modela al hombre de manera distinta. La educación tradicional nos dice que un hombre debe ser el sostén de su pareja. El varón entonces no debe llorar, ni mostrarse desanimado o desorientado. El sufrimiento del hombre es silencioso.

El grado en que la infertilidad afecta emocionalmente es variable, dependiendo de rasgos de personalidad, calidad del vínculo de la pareja, disponibilidad de recursos de soporte emocional (familia, amigos), dificultad del diagnóstico, cuestiones económicas, tiempo de lucha contra la infertilidad, tipo de tratamientos, apertura a modos alternativos para ser padres, etcétera.

Contrariamente a lo que suele pensarse, la infertilidad no destruye a las parejas. No sólo el índice de divorcios es similar al de la población en general, sino que se da el caso de investigaciones de seguimiento de familias formadas por donación de gametos que reportan una incidencia aún menor.

En realidad, más allá de períodos transitorios de tensión producidos por la lucha contra el problema reproductivo, el vínculo de la pareja se hace más sólido.

La vida pone a prueba a la pareja y la necesidad de

superar este obstáculo produce un gran crecimiento en la capacidad de comprender lo que le pasa al otro, de compartir estados emocionales, de tolerar las diferencias de opiniones o de tiempos y de encontrar el modo de satisfacer las necesidades de ambos.

Romper el silencio

Por diversos motivos, es muy difícil para algunos hombres poder contar a otros su problema reproductivo. De alguna manera el hombre se siente "menos" y quizás esto tenga una base en el confundir virilidad con capacidad reproductiva, o la capacidad de producir un embarazo con la de ser padre.

Lo cierto es que al mantener su problema en secreto, el hombre no sólo pierde la posibilidad de apoyarse en sus afectos más cercanos (familia, amigos), sino que corre el riesgo de que muchas de sus actitudes y conductas sean interpretadas en forma errónea.

Por ejemplo, que un amigo entienda que pasa algo malo con él por no haber ido a su fiesta de cumpleaños, cuando en realidad decidieron no ir porque alguien en la reunión estaba embarazada y ese día no tenían ganas de enfrentar esa situación.

Este silencio respecto de los otros provoca además, que la carga emocional del problema deposite todo su peso sobre la relación de pareja. Y que en muchos casos esto genere problemas, pues se ve sobrepasada la capacidad de apoyo de la mujer. Hay parejas en las que el silencio del hombre obliga a que tampoco la mujer lo cuente, por lo tanto la carga se duplica.

Por supuesto que el consejo no es "publique su problema". Pero sí que luego de una selección minuciosa, la pareja pueda compartir su problema con aquellas personas que consideren que puedan ser "nutritivas" para esta situación.

—¿Qué te pasa?

—Nada.

Un clásico de la (in)comunicación en la pareja.

Hay corrientes psicológicas que estudian desde hace años los problemas de comunicación que se dan en las parejas como consecuencia de las diferencias en el modo en que hombres y mujeres vemos la realidad. Estas diferencias de género en la interpretación y el modo de enfrentar los hechos, nos llevan a conflictos que son universales.

Una de las formas que toma esta diferencia de géneros es el choque entre valores dentro de la pareja. Veamos un ejemplo. Hay dos valores femeninos, la "intimidad" y el "cuidado", que chocan con el valor masculino de "independencia".

Traslademos esto a la vida cotidiana: mientras él está preparando su bolso para un fin de semana de pesca, ella le aconseja que se lleve tal campera y no otra, que si hacen asado no coma chimichurri y tome poco vino pues no anda bien del estómago, etcétera, etcétera.

En síntesis, mientras ella está ejerciendo inocentemente y con la mejor intención el rol de "cuidadora" en la pareja, él está pensando que su mujer se involucra en todo. Quizás demasiado.

Por otra parte, el modo femenino de hablar acerca de un problema implica "sumergirse" en él, expandirlo, profundizarlo, compararlo con las experiencias de otras personas, expresar sus sentimientos, pensar en las posibles consecuencias futuras y sobre todo, dialogar varias veces.

El hombre, en cambio, no se siente cómodo hablando reiteradamente de sus problemas (sobre todo si son emocionales), tiende a ser más sintético a la hora de enfrentar y resolver.

Desde ya que los dos estilos tienen ventajas y desventajas, pero el problema mayor se genera cuando estos estilos se cruzan. Algunos hombres habrán escuchado la frase "a vos no te interesa tener un hijo tanto como a mí". Esta frase es hija del silencio.

Silencio provocado por el "estilo masculino", por la necesidad del hombre de estar en posición de sostén de su mujer, y por el temor de que si le confiesa que él también está mal o preocupado, su pareja pueda ponerse aún peor.

La regla de los veinte minutos

Una colega norteamericana, Merle Bombardieri, plantea un modo eficaz para compensar los problemas de comunicación que se dan en la pareja en torno al tema "tener hijos, tratamientos, etcétera". Lo llama "la regla de los veinte minutos".

Consiste en pactar momentos concretos de la semana para hablar del tema, durante veinte minutos. Con reloj de por medio, se hacen dos monólogos acerca de lo que tengan ganas de decir sobre el asunto.

Esta regla se completa con la prohibición de hablar del tema durante el resto del tiempo, salvo por supuesto, situaciones excepcionales como estar en medio de un tratamiento.

Respetar esta prohibición tiene como beneficio que se

"limpia" la comunicación durante ese "tiempo libre", y se evita la típica situación de la mujer en estado de expectativa permanente en busca de un momento para poder hablar.

Al mismo tiempo, estos veinte minutos le dan al hombre, que por razones sociales y culturales como hemos visto, tiene más reticencias a comunicarse, un espacio de tiempo concreto para expresar sus sentimientos, sensaciones y opiniones. Mucho más aún ante la certeza o la presunción de que el problema de infertilidad lo tiene él y no ella.

El tratamiento de la endometrosis, un desafío a la comunicación

Como ya mencionamos, los tratamientos médicos pueden influir sobre el vínculo de pareja. Tomemos como ejemplo el tratamiento de la endometrosis, que es muy común cuando hablamos de problemas reproductivos.

Básicamente, hay dos maneras de tratar la endometrosis. Una es a través de procedimientos quirúrgicos (por vía laparoscópica o por laparotomía). La otra es produciendo una inhibición del ciclo menstrual femenino, mediante el uso de medicamentos que bloquean el funcionamiento del eje hipotálamo–hipósifo–gonadal, generalmente por un período de 3 a 6 meses. En muchos casos la intervención quirúrgica es seguida por el tratamiento farmacológico.

La mujer entra entonces en una pseudomenopausia y tiene muchas chances de experimentar los síntomas asociados a esta transición biológica femenina.

Su carácter puede estar muy cambiado, y ser muy similar al que tiene en los días premenstruales. Es posible que esté más irritable y más sensible, y que además padezca molestias físicas como sofocos, cansancio, dolores de cabeza, que influirán también sobre su estado de ánimo. La sexualidad puede alterarse, pues la medicación produce baja del deseo y sequedad de mucosas.

Entonces, comprensión y paciencia son las palabras más adecuadas para describir la postura que más conviene a la pareja, en este tipo de tratamientos.

El hombre debe tener en cuenta que todos los cambios que nota en su mujer son producidos por la medicación y saber que si se pudiera reproducir en él el mismo estado hormonal, tendría las mismas reacciones que critica en ella. La mujer debe tener en cuenta que su modo de ver las cosas está alterado por la medicación y que va a tender a sobredimensionar los eventos emocionales y sus reacciones a ellos.

La vida sexual

La sexualidad es el área más dañada por la tensión psicológica producida por la infertilidad. Por lo tanto, es común que se altere tanto su calidad como su frecuencia. Estados psíquicos como la tristeza, la depresión, la ansiedad o el estrés son parte de las causantes de este cambio. Por otro lado, tanto algunos métodos diagnósticos como también tratamientos médicos destinados a tratar de superar el problema reproductivo pueden alterar la sexualidad.

De "hacer el amor" a "hacer bebés"

Para quienes por su diagnóstico pueden buscar el embarazo a través de una relación sexual, hacer el amor puede llegar a convertirse en un "trabajo". Una cualidad fundamental de la vida sexual es que se tienen relaciones cuando se tienen ganas; tanto es así que el mejor encuentro es el espontáneo, aquel que cae como una fruta madura.

Cuando una pareja busca embarazarse la sexualidad suele estar regida por los días fértiles. Ya no se entra en la cama espontáneamente, por ganas, sino porque es "el día". Así, hacer el amor se convierte en hacer bebés, y lo que antes era un placer ahora es un deber.

Cuando se da un encuentro sexual en estas condiciones es muy posible que la relación no sea de buena calidad. Es común que en estas circunstancias el hombre tenga problemas con la erección, que le cueste alcanzar el orgasmo o que se agraven problemas previos de eyaculación precoz. Mientras que en la mujer puede haber dolor en la penetración (por mala lubricación vaginal o porque el hombre se apresuró en penetrar) y también problemas con el orgasmo.

En este tipo de situaciones se produce, en un primer momento, un incremento de la frecuencia sexual en el período ovulatorio y una disminución en los días no fértiles. Pero si el dolor producido por las sucesivas frustraciones comienza a desgastar a la pareja, se produce un cambio conductual importante.

Como reacción defensiva frente a un probable dolor futuro (el fracaso del intento de concebir y la llegada de la próxima menstruación) las parejas evitan, de modo consciente o sin darse cuenta, tener relaciones sexuales en los días fértiles.

Esta reacción defensiva es denominada "conflicto de la mitad de ciclo" y se caracteriza por una importante disminución de las relaciones sexuales o su ausencia absoluta en los períodos fértiles, mediatizada por peleas, cansancio o exceso de ocupaciones.

Paradójicamente, este intento defensivo contra el dolor de la infertilidad, podría prolongar aún más la situación, toda vez que la pareja siente al mes en que no han tenido relaciones sexuales como "perdido", lo que hace que el balance de su situación sea aún más negativo e incrementando el evitar las relaciones sexuales como estrategia defensiva.

Es importante no "pedir peras al olmo", entender que esta disminución de la respuesta sexual es consecuencia de lo que en sexología se denomina "sexo a demanda" y evitar interpretarlo como un problema personal o de pareja, pues en general la sexualidad se recupera cuando vuelve a ser espontánea.

La influencia de métodos diagnósticos y de los tratamientos

Como ya anticipamos, los métodos de diagnóstico y tratamiento médico de la infertilidad pueden tener un efecto pernicioso sobre la sexualidad. Las alteraciones del estado físico y emocional producidas por las medicaciones, los pedidos de abstinencia para espermogramas o por estar en tiempo de espera del resultado de una técnica de búsqueda de embarazo, las relaciones sexuales "programadas" para un test poscoital, los estados posoperatorios, la tensión emocional producida por los tratamientos son factores que influyen sobre la sexualidad.

Test poscoital

El test poscoital es una de las fuentes más frecuentes de disfunción de la erección o del orgasmo, pues muchas veces el hombre lo vive como un examen de su rendimiento sexual. Es además un encuentro sexual programado con las consecuencias que ya detallamos del "sexo a demanda". Las instrucciones que el médico dé para este test también pueden influir: cuanto más pautada esté la relación sexual, peor será su calidad.

Obtención de muestras de semen

Entre un 10 y un 30% de los hombres tienen problemas con la erección o con el orgasmo a la hora de obtener muestras de semen para espermogramas, para inseminaciones o para tratamientos de alta complejidad (FIV, ICSI).

Hay muchos factores que contribuyen a esto. Por un lado hay que tener en cuenta el lugar donde es obtenida la muestra; quienes vivan a menos de una hora del lugar donde deban entregar la muestra, podrán obtenerla en la intimidad de su hogar y lograr entonces el ambiente más propicio para ello, pero los que no tengan esta oportunidad, quedarán expuestos a tener que realizar la obtención en lugares poco favorables como baños en laboratorios, clínicas u hospitales (que en general carecen de un espacio acondicionado a tal efecto).

En estas circunstancias, la influencia de los ruidos externos, el temor a ser "descubierto", o incluso el desafortunado hecho de que golpeen la puerta, lógicamente van a impedir que el hombre pueda concentrarse y la respuesta sexual se altera. Algunas parejas en tratamientos de alta complejidad solucionan este problema pasando la noche en algún hotel cercano al lugar donde deben entregar la muestra.

Hay factores que influyen, absolutamente internos. Uno de ellos es la dificultad en lograr evocar algún tipo de pensamiento erótico que ayude en la situación. El problema puede subsanarse obteniendo la muestra con ayuda de la esposa, o utilizando revistas o videos, que serán de utilidad por la gran importancia del estímulo visual en la sexualidad masculina. Cabe aclarar que en general la mujer entiende la situación y no opone reparos al uso de este recurso.

Otro factor interno que puede jugar en contra es estar nervioso en el momento de la obtención. En situaciones de estrés, el hombre genera ciertas hormonas y neurotransmisores que actúan impidiendo la erección.

Si al tratar de obtener una muestra se presenta un problema de erección y el hombre lejos de calmarse se pone cada vez más nervioso, lo aconsejable es frenar el intento, salir a caminar un rato e intentarlo más tarde. Si esto no fuera suficiente se cuenta con el apoyo de medicaciones que han probado ser muy eficaces como medio para lograr la erección.

Cuando se trata de muestras para tratamientos (inseminaciones, FIV o ICSI), la tensión puede ser altísima pues la continuidad depende de que el hombre pueda obtener la muestra.

Un recurso que ha demostrado ser altamente eficaz para evitar este problema es congelar una muestra de semen varios días antes. Esto prácticamente asegura la obtención en el momento del tratamiento, pues el hombre está mucho más tranquilo al saber que cuenta con una "rueda de auxilio" y que de esta manera el tratamiento está asegurado.

Tratamientos de búsqueda de embarazo

Como es lógico, la búsqueda de embarazo mediante estos tratamientos implica una gran carga emocional que puede no sólo disminuir el deseo de tener relaciones sino también generar momentos de tensión en la pareja.

En la mujer pueden producirse alteraciones del estado de ánimo como consecuencia de las medicaciones que recibe, y además cambios físicos (por ejemplo, retención de líquidos, dolor de ovarios, molestias posaspiración folicular, etcétera), que van a hacer que no esté predispuesta a tener relaciones. Si bien en la mayoría de los casos las muestras de semen para estos tratamientos se obtienen por autoestimulación, en hombres con diagnósticos severos puede existir la necesidad de realizar punciones de epidídimo o biopsias testiculares para obtener espermatozoides, cuya influencia sobre la sexualidad (a consecuencia de las molestias físicas del posoperatorio) pueden prolongarse en el tiempo.

El resultado de los tratamientos también influye sobre la sexualidad. Cuando es positivo, la pareja evita tener relaciones por temor a perjudicar el embarazo. Por otro lado el dolor psíquico ante un resultado negativo, produce un período de inhibición del deseo sexual, cuya duración va a depender de la capacidad de recuperación emocional de la pareja.

Donación de semen y adopción

Hay muchos hombres que, teniendo absolutamente vedada la posibilidad de producir un embarazo, han accedido a la paternidad mediante alguno de estos dos caminos. Ellos han dado un salto conceptual y espiritual al considerar que el ser padre es criar, amar, educar, acompañar, y que no podemos reducirlo al hecho biológico de la concepción. Ser padre no son los pocos minutos que puede llevar una relación sexual, sino un título que hay que ganarse con el cuidado diario. El amor de un hijo no se transmite por la sangre sino que se gana a fuerza de cariño y respeto. De hecho, lamentablemente, vemos padres biológicos a quienes sus propios hijos no les dan el título de padres.

Los primeros pasos

El formar una familia por adopción o por donación de semen tiene algunos puntos en común. Los primeros pasos en esta decisión pueden estar plagados de temores acerca de lo que va a sentir respecto de su futuro hijo o a no ser querido por él; temor a la reacción de su familia o al rechazo social de su decisión; incluso temor a que el niño sea discriminado.

La experiencia nos indica que la mayoría de los casos responden al temor de los primeros pasos. Como ya dijimos, el amor se genera por el vínculo: en estas cuestiones la genética no tiene nada que ver. El temor de que el niño quiera en el futuro tomar contacto con sus orígenes genéticos y eso pueda dañar la relación con sus padres tampoco se verifica en la vida real de estas familias.

En realidad la evidencia científica surgida de estudios de

seguimiento de familias formadas a través de la adopción o de la donación de gametos, no sólo indica que son familias absolutamente normales, sino que en algunos aspectos funcionan mejor que las familias formadas "en la cama".

Por ejemplo, el varón en este tipo de familias tiende a participar más y a estar más comprometido en la crianza del hijo, los niños están más estimulados y hay mayor empatía de los padres hacia el chico. En algún sentido, todo el dolor que las parejas viven al buscar a su hijo, tiene como efecto modelar padres muy sensibles a las necesidades de sus hijos y que comprometen mucho de su energía y atención en la crianza.

"Tiene el carácter del abuelo"

Generalmente las parejas que eligen estos caminos para formar su familia piensan que quien no aporta sus gametos va a tener poco o nada que ver en la construcción del carácter y la personalidad del niño, pues todas estas cualidades se transmiten genéticamente.

Pensar de este modo no es conveniente, pues deja al progenitor que no aporta su genética demasiado afuera de la crianza del hijo. Lo cierto es que en el desarrollo psicológico de un ser humano la influencia del ambiente es mucho más fuerte que la predisposición genética, y que el niño adquiere sus características psicológicas y de personalidad del entorno en el cual crece.

Entonces, lo único que pierde un padre que no pudo aportar su genética, es la posibilidad de transmitir características orgánicas y fisonómicas. El resto de todo lo que tenía para dar a un hijo, se lo podrá transmitir igual. Todas las virtudes y defectos que su hijo tenga como persona van a provenir exclusivamente de ambos padres de crianza y de su entorno y no dependerán de características heredadas genéticamente.

Contar o no contar, ésa es la cuestión

El contarle o no al niño acerca de su origen es un tema de preocupación para muchos. La experiencia en adopción indica claramente que lo más saludable para el niño y para el funcionamiento familiar es que el niño y el entorno conozcan la verdad. En apoyo de esto, la nueva legislación argentina habilita al niño a acceder a su expediente de adopción al cumplir los 18 años.

Hay diferencias entre la adopción y la donación de gametos que hacen que no se pueda trasladar directamente esta postura a la donación de semen. Quienes optan por esta opción tienden a querer ocultar la situación pues temen que la sociedad o su contexto familiar o de amigos juzgue de modo negativo su decisión pensando que es inmoral, antinatural o que el niño será "raro" o tendrá problemas psicológicos.

Además, piensan que dar esta información a su hijo sólo servirá para complicarle la vida. Desde ya que cada caso particular debe evaluarse en su contexto. Pero lo más saludable para el funcionamiento familiar es que al menos el niño conozca la situación real en el momento oportuno. Respecto de contarles a otras personas, cada cual hará una evaluación de cómo podrían tomar la noticia y decidirá en función de ello.

Existen en nuestro país y en el mundo asociaciones espontáneas de padres que están abiertas a compartir su experiencia con quienes estén decidiendo este camino, que constituyen una fuente de información, asesoramiento y apoyo muy importante.

Testimonio

YO, EL PEOR DE TODOS

Anoche entré en la habitación de Lucas y me asomé a la cuna. Estaba dormido, con las piernitas abiertas: parecía una rana. Lo miré durante un rato, como todas las noches, y recordé lo difícil que fue traerlo al mundo.

Cuando me casé con Mariana creí saber todo lo que un hombre debía conocer: había viajado por cinco continentes, tuve parejas anteriores, una vida rica en experiencias si se quiere, y coleccioné todos los mitos que un hombre es capaz de acumular.

Al cabo de dos años, después de casarme, me pregunté cómo era posible que mi esposa no hubiera quedado embarazada. "Pobre Mariana, ¿podrá sobreponerse a su infertilidad?", me preguntaba, mientras las charlas entre ambos sobre el tema se hacían cada vez más cortas, sin mucho ya para decirnos.

Pero una tarde, en un bar, ella soltó una frase que tenía a flor de labios desde hacía meses: "¿No tendrías que consultar vos a un médico?

Hasta ese día siempre me las había arreglado para faltar a las pocas entrevistas que ella había organizado, a veces con mi ayuda, con algunos doctores. Y ni siquiera estuve presente cuando le hicieron los estudios.

¿Yo estéril? ¿Yo? Esa posibilidad no entraba en mis cálculos más pesimistas. La esterilidad estaba un escalón, sólo un escalón, por debajo de la impotencia, según mis prejuicios de

entonces. Ciertos gestos reprobatorios de Mariana, en algunas de las charlas que tuvimos cuando eran interminables, me hicieron pensar que ella buscaba excusas para sobrellevar su problema.

¿En cuántas mesas de amigos nos reímos comentando que la fecha de nacimiento de nuestro primer hijo sería exactamente 38 semanas después de la noche de bodas?

Pero bueno, ésos eran mis códigos de aquellos días.

Me costó sentarme frente a un médico con Mariana al lado. Más allá de la confianza generada por el amor, la convivencia, el deseo mutuo, se estaban abriendo grietas en mi muro de hombría, laboriosamente construido durante toda mi formación machista. Y algunas de esas grietas eran tan grandes, que podía verse hacia el otro lado, es decir adentro, muy profundo.

Tanta era mi sensibilidad frente al tema, que la primera entrevista profesional que tuve fue solo y en secreto. Se lo confesé media hora después de la consulta que hicimos juntos con un especialista.

Las cosas siguieron su curso por el camino que en ese tiempo yo más temía. El problema lo tenía yo. Pocos espermatozoides... nada menos...

¿Pocos espermatozoides yo? Ese diagnóstico, por sí solo, era muy difícil de superar.

Finalmente lo hice, en un proceso en el que los mitos terminaron rindiéndose ante las evidencias.

El tratamiento fue bastante rápido y sencillo. Lo más incómodo fueron las entrevistas, pero era posible sobreponerse a ellas con sólo mirar las fotos de bebés pegadas en todos los consultorios, en un montón de lugares del edificio. Habían nacido todos después de que sus padres pasaron por allí. Realmente, teníamos muchas ganas de tener un hijo y, en mi caso, a veces pienso que los remanentes machistas que perduran en mí —éstos seguramente para siempre—, me llevaron también a preguntarme: "¿Cómo no voy a tener hijos yo?".

Tardamos unos meses en concretar el sueño. A mí me pareció más tiempo que a ella, las semanas se me hacían más largas y lo único que quería escuchar era un informe muy concreto: el que revelara que Mariana estaba embarazada.

Finalmente sucedió, y desde entonces, nuestras charlas volvieron a ser prolongadas, aunque ya no acerca de sus problemas, sino de nuestras cosas, y del futuro.

Cuando nació Lucas me sentí más hombre que nunca. No por el hecho de haber podido tener un hijo, sino por haber cambiado mi manera de ver la vida, de ver a mi mujer pero, especialmente, de verme a mí mismo.

PARTE VI

Capítulo 12

Los dilemas éticos

por el profesor doctor Aníbal A. Acosta

Conceptos generales de bioética médica en reproducción humana y reproducción asistida

El diccionario de la Real Academia Española (ed. 2001) define a la ética como "la parte de la filosofía que trata de la moral y de las obligaciones del hombre" y también como "el conjunto de normas morales que rigen la conducta humana". Puede usarse como adjetivo cuando se define algo como ético; implica que es algo recto o correcto, conforme a la moral.

La moral es definida también como "la ciencia que trata el bien en general y las acciones humanas en orden a su bondad o malicia".

La bioética se define como la "aplicación de la ética a las ciencias de la vida".

Mutatis mutandis, la ética es la parte de la filosofía que trata el bien en general y las acciones humanas en orden a su bondad o malicia.

La historia escrita del conocimiento humano demuestra, desde su inicio, el interés primordial de los filósofos en el estudio y desmenuzamiento del espíritu humano y de su conducta tratando de establecer en blanco y negro las diferencias entre el bien y el mal; entre lo bueno y lo malo.

Sin embargo las sombras intermedias de gris han oscurecido permanentemente lo que al principio debe haber parecido claro, dando origen a escuelas de pensamiento filosófico, religioso, político y social que durante siglos pretendieron hallar un camino transitable e iluminado para el común de los mortales.

Las diferencias en este sentido son y serán sustanciales en muchos aspectos pero el común de los mortales a que nos referíamos, que no somos filósofos, eticistas, teólogos, politólogos ni sociólogos sino que simplemente en nuestro caso, somos médicos o pacientes, nos hemos manejado durante mucho tiempo en los campos negros y blancos, claramente discernibles, usando lo que la mayoría de nosotros tiene a raudales: sentido común. Y así resolvíamos con solvencia, a veces con consultas adecuadas, los problemas de médicos y pacientes.

El siglo pasado fue conmovido por la irrupción volcánica de conocimientos y técnicas en el campo científico, médico; en nuestro caso, en el campo de la reproducción humana, además de dejarnos perplejos, hizo que reconsideráramos los escasos y primitivos principios existentes en el campo bioético y moral sobre estos temas.

Las sombras de gris comenzaron a agrandarse hasta adquirir dimensiones insospechadas. Los médicos y los biólogos tuvieron que adentrarse y considerar como primordiales los aspectos bioéticos de estos nuevos procedimientos y técnicas; supieron buscar consejo y establecer consensos, pero en última instancia son ellos los responsables por la aplicación de esos conocimientos y por los resultados obtenidos.

Y el paciente (en este caso una pareja y a veces algunos otros participantes) es el que conoce a fondo la real magnitud que para ellos tienen los problemas que acarrean y los afectan y hasta dónde están dispuestos a avanzar para lograr su solución.

Sólo ellos deben tener la oportunidad y la capacidad de decidir, y deben basar esa decisión en el conocimiento que el médico y/u otros asesores les transmiten acerca de los diagnósticos y terapéuticas disponibles y de las implicaciones médicas y bioéticas de la aplicación de estas tecnologías.

Nadie puede relevar o reemplazar al médico de esas responsabilidades y nadie puede desplazar al paciente en la toma de decisiones. Una vez informados adecuadamente son ellos los responsables de la aceptación o rechazo de las terapéuticas en cuestión.

El médico ahora dejó de ejercer una medicina paternalista, basada en la diferencia entre sus conocimientos y los de los pacientes, y éstos se hicieron conscientes de que cualquier acto médico, para ser aceptable y aceptado, requiere de su parte, sin excepción, un conocimiento suficiente que lo habilite a otorgar consentimiento basado en la información completa disponible en el momento de la consulta.

Nunca más que ahora la relación médico-paciente necesita ser más abierta y a la vez más estrecha, más comprensiva y compasiva, la información que se brinda más clara, exacta y completa, mayor el tiempo que se dedica a los pacientes, tanto en lo que hace al médico personalmente cuanto al equipo que lo acompaña, y más clara y entendible la explicación que se ofrece o que es solicitada.

Si en el momento de la decisión el paciente no tiene aún claro el panorama, tiene el derecho de buscar asesoramiento accesorio o una segunda opinión sobre el problema y la solución que se le propone.

El médico no puede hacer intervenir sus propias convicciones en la información otorgada; debe hacer conocer todas las alternativas conocidas y disponibles; si el paciente se inclina por alguna con la cual el médico no concuerda por sus convicciones éticas personales, debe hacerle conocer a su paciente que esa alternativa o procedimiento no está disponible mientras él sea el facultativo actuante.

Actuar de otra manera implica abandonar su condición de médico y abroquelarse en sus convicciones, lo que no es médicamente ético. El paciente tiene derecho a conocer la totalidad del abanico de posibilidades y elegir otro facultativo si el primero no aplicase, por esas convicciones suyas, la técnica que el paciente, debidamente informado, ha elegido.

Esta información debe ser transmitida muy claramente a los pacientes y el resultado final es la firma de un formulario de consentimiento precedido de información completa (consentimiento informado) que cada médico debe diseñar y establecer y que los pacientes deben firmar como prueba de que esa información ha sido ofrecida, entendida, discutida y aceptada por la pareja.

Además, estos formularios contienen disposiciones sobre el accionar futuro del médico y los pacientes para protección de todos los involucrados, y muy especialmente de los embriones que puedan generarse en el curso de los procedimientos.

El incumplimiento de este requisito fundamental deja al médico sin evidencia probatoria de que todos los pasos se han cumplido y que las responsabilidades futuras han sido discutidas, identificadas y aceptadas.

Este capítulo tratará en lo posible de exponer las implicaciones bioéticas de los métodos de diagnóstico y terapéutica involucrados en las técnicas abordadas en esta obra. Las opiniones vertidas, posiciones expresadas y definiciones propuestas son de la exclusiva responsabilidad del autor de este capítulo, después de casi 50 años de experiencia en el terreno de la reproducción humana y disciplinas correlacionadas.

No debe olvidarse que aún entre los especialistas, entre los códigos de ética existentes y entre las legislaciones propuestas hasta la fecha, para tratar de unificar criterios, las divergencias son muchas y variadas, por lo que es difícil establecer normas que sean aceptadas universalmente.

Por otra parte, los pacientes pueden profesar creencias religiosas o tener posiciones ético-morales tomadas. En estos casos, lo lógico es contactar a sus referentes para cerciorarse de las posiciones sostenidas por cada grupo, para que a partir de allí las amplíen y busquen la información adecuada que los habilite a actuar.

Otros temas que generan problemas éticos importantes (maternidad subrogada, clonación, células madre o *stem cells*, fertilización interespecie, reproducción posmortem y otros) que han aparecido y aparecen frecuentemente en la prensa oral, escrita, televisada o computadorizada, pero que no se abordan en este libro, no serán considerados en el presente capítulo por razones de espacio.

Problemas de Bioética asociados a la inseminación artificial homóloga y heteróloga

INSEMINACIÓN ARTIFICIAL HOMÓLOGA

Este procedimiento utiliza el esperma del marido (preparado o no en el laboratorio) para proceder a la inseminación intravaginal (utilizada sólo en casos en los que el coito es imposible), a la inseminación intracervical, que deposita el semen en el mismo lugar (moco cervical) en donde lo deposita en forma parcial la inseminación natural (poscoito) o a la inseminación intrauterina que deposita solamente espermatozoides preparados en la cavidad del útero para evitar las posibles complicaciones derivadas de la entrada de líquido seminal o de bacterias.

El semen utilizado puede ser fresco (recién obtenido) o criopreservado (congelado y descongelado). La inseminación artificial intratubárica que se efectúa en forma conjunta con la transferencia oocitaria en el procedimiento de GIFT (transferencia intratubárica de gametos) y la inseminación artificial intraperitoneal que rara vez se usa actualmente en la práctica, no serán consideradas en este capítulo.

Desde el momento que en este procedimiento se usan gametos del marido, las consideraciones éticas se limitan al procedimiento en sí, sus indicaciones y resultados y no a la procedencia de los gametos usados.

Algunos cuestionan la ética de estas técnicas porque se usan métodos que no son naturales y separan el acto de procreación de la expresión sexual propia de la inseminación natural. Otros proponen añadir coito previo o posterior a la inseminación para evitar esta crítica. El coito previo conlleva el riesgo de deteriorar la calidad de la muestra obtenida a posteriori para la inseminación. Se cuestiona también la metodología de obtención de la muestra (masturbación). Desde el punto de vista biomédico estas observaciones no tienen sustento.

Es importante considerar las indicaciones y el costo de estas técnicas. En los casos de inseminación intravaginal por imposibilidad de realizar el coito, se usa el ciclo natural de la mujer y el momento de la inseminación se determina por procedimientos sencillos y de bajo costo.

Si el factor coital es el único detectado, los resultados son equiparables a los de la reproducción natural antes citados.

La inseminación intracervical y sobre todo la intrauterina se acompañan casi siempre de estimulación de ovulación en la mujer; la medicación y el control del ciclo estimulado elevan sustancialmente el costo del procedimiento.

A pesar de todos los trabajos publicados sobre estas técnicas, la mayoría no tiene un diseño experimental adecuado para obtener datos fidedignos sobre su eficacia real y como consecuencia es difícil aconsejar a la pareja con fundamentos sólidos sobre la utilidad y la conveniencia de la inversión a realizar. La evaluación de la relación costo-beneficio en este caso se hace muy difícil y el hecho debe ser conocido por los pacientes.

La utilización de semen congelado es de vital importancia en casos que deben ser sometidos a terapéuticas que implican destrucción de las gónadas masculinas (cirugía, irradiación, quimioterapia); los pacientes preservan así su capacidad reproductiva para ejercitarla después del tratamiento.

También es importante en hombres que han tomado la decisión de someterse a procedimientos de esterilización definitivos o casi definitivos. La existencia de semen crio-preservado en bancos de esperma hace imprescindible la existencia simultánea de formularios de consentimiento detallados y eficaces para prever circunstancias que pueden llevar a la inseminación y concepción posmortem.

La aparición de la grave infección con virus de sida (síndrome de inmunodeficiencia adquirida) ha creado problemas éticos importantes en la inseminación artificial con semen fresco y congelado en parejas serológicamente discordantes. La investigación médica futura con seguridad ha de resolver estos problemas.

Inseminación artificial heteróloga (IA Het.) (Semen de donante)

Desde la identificación y descripción del espermatozoide por Antoni van Leeuwenhoek en 1696 el gameto masculino ha sido, por razones obvias, el de más fácil obtención y manipulación. La demostración por Lázaro Spallanzani en 1776 de la factibilidad de la criopreservación espermática y la sugerencia sobre la posibilidad del establecimiento de bancos de esperma criopreservado por Paolo Mantegazza, noventa años después, establecieron las bases sobre las que se desarrollarían las técnicas de inseminación artificial heteróloga con semen de donante, fresco o criopreservado.

Aunque los aspectos legales de la donación espermática y de sus consecuencias están bien establecidos en muchos países y la aceptación del procedimiento es mucho mayor en la actualidad, no se debe menospreciar su trascendencia sino que es mandatorio que la pareja involucrada comprenda bien sus ramificaciones éticas y las controversias existentes sobre su aplicación.

Por otra parte, la introducción de la técnica de ICSI ha disminuido sustancialmente el número de parejas que tienen una indicación específica para la utilización de la IAHet pero de ninguna manera ha eliminado el recurso ni las indicaciones para su uso.

El linaje humano tradicional en el mundo occidental se ha basado en dos columnas fundamentales: la institución matrimonial clásica, actualmente en proceso de sufrir modificaciones trascendentales y la reproducción exclusiva dentro de esa pareja.

La donación de gametos, en este caso de esperma, con su carácter anónimo y el desconocimiento por todo el resto de la sociedad de la utilización del procedimiento, salvo para la pareja involucrada y el médico actuante, hace que el linaje aparente se rompa y se genere uno desconocido para el medio social general en que el futuro individuo se desarrollará y que repercutirá en las generaciones ulteriores de descendientes de esa pareja.

La introducción de un tercer elemento reproductivo dentro de la bilateralidad teóricamente absoluta del matrimonio, podría acompañarse de trastornos psicológicos tanto para la pareja como para el donante, anónimo o no.

Por último, están las posibles repercusiones psicológicas en el niño nacido de este procedimiento, cuando por razones voluntarias o fortuitas la alteración del linaje sale a la luz.

Es metodología aceptada y reconocida en medicina comparar estos riesgos y otros potenciales, con los que generan las relaciones matrimoniales habituales. El número de rupturas de linaje, de adquisición de enfermedades infecciosas de transmisión sexual y aún de enfermedades genéticas que se generan por transgresión a las normas morales vigentes, y cuyas cifras van surgiendo con la investigación de la identidad genética de los descendientes y el catastro de enfermedades graves transmisibles, demuestra o va demostrando que los riesgos son mucho mayores por las desviaciones de la conducta inherentes a la condición humana que por la aplicación de estos procedimientos terapéuticos.

Sin embargo, a pesar del intenso proceso selectivo de los donantes, la posibilidad de transmisión de enfermedades infecciosas o genéticas es una posibilidad que debe tenerse en cuenta y que la pareja en cuestión debe conocer.

Los beneficios para la pareja consisten en la preservación del linaje materno, en la posibilidad de la mujer de experimentar el embarazo y el parto, que la adopción posnatal, por ejemplo, no permite, y en la capacidad del marido de acompañar esas experiencias desde el comienzo como lo haría con un hijo propio.

Recientemente ha aparecido la requisitoria de mujeres solteras que solicitan por diversos motivos la utilización del procedimiento, sin razones médicas que lo justifiquen. Eso hace que las indicaciones para su uso se basen ahora en dos tipos de razones: a) médicas o terapéuticas y b) sociales, y por lo tanto no médicas y no terapéuticas.

El médico como tal está entrenado para aplicar estas tecnologías con criterio terapéutico, de acuerdo a indicaciones reconocidas y a las normas involucradas e implícitas en su juramento hipocrático.

Cuando utiliza estas tecnologías fuera de esos criterios actúa predominantemente como técnico y no como profesional de la salud y debe ser consciente de su papel distinto en ambos casos.

Es requisito fundamental para la utilización de este procedimiento la utilización de fórmulas de consentimiento adecuadas y explícitas desarrolladas por el banco de semen actuante y por el médico tratante, en las que el marido acepta taxativamente y acompaña la aplicación de esta tecnología en la esposa y por lo tanto reconoce plenamente también las responsabilidades de esta paternidad consentida y consensuada que a los fines legales y éticos es aceptada por él como propia.

Problemas de Bioética asociados a la fertilización in vitro y técnicas derivadas

El concepto de embrión, embrión preimplantatorio y embrión posimplantatorio inicial (preembrión)

El eje de las consideraciones y discusiones ético-morales en materia de reproducción asistida gira alrededor de la condición moral del embrión. Ello conlleva la necesidad de relacionar al embrión en sentido estricto con puntos de vista o consideraciones más amplias como la vida humana, los procedimientos tecnológicos, la salud y la enfermedad, los derechos reproductivos, la ética de mercado, la familia, el género, la raza o la clase. Sólo al final de la década de 1970 tuvieron, tanto biólogos como médicos, la oportunidad de entrar en conocimiento directo del proceso de fertilización y de observar en el ser humano las características del desarrollo embrionario inicial y temprano en el período preimplantatorio en condiciones de laboratorio. Ello implicó la manipulación de las gametas y el estudio minucioso del fenómeno de fertilización y de sus fallas, y el mantenimiento del embrión durante las fases iniciales de su desarrollo en condiciones experimentales.

A raíz de propuestas efectuadas sobre experimentación con embriones y de solicitudes de subsidios para este tema, el Congreso de los Estados Unidos de América estableció la Comisión Nacional para la Protección de los Sujetos Humanos en la Investigación Biomédica y de Conducta en el período 1974-1978.

Sus deliberaciones dieron origen al requerimiento formal de que las investigaciones subvencionadas por el estado sobre fertilización in vitro fueran examinadas por un Comité de Asesoramiento Ético del Ministerio de Salud y Servicios Humanos. Estos hechos, que no llegan al conocimiento público, están lejos de justificar la aseveración de que los médicos y los biólogos queremos libertad absoluta en el ejercicio profesional vinculado con la reproducción.

La verdad es que antes que estas investigaciones comenzaran fueron los médicos y los biólogos quienes solicitaron que se promulgaran códigos de ética y de consenso que guiasen y controlasen la actividad científica prohijada por el Estado en estos campos.

Lógicamente se pretendía que se escuchase con claridad la opinión de estos especialistas conjuntamente con los representantes de otras ramas del saber.

Para determinar la condición moral del embrión se han propuesto dos preguntas fundamentales: ¿cuándo empieza la vida? y ¿cuándo esa vida adquiere condición humana?

La primera pregunta requiere una aclaración: la realidad biológica es que con el proceso de fecundación las gametas intentan transmitir vida pero no la crean y la vida que procuran transmitir, si se logra, presenta características únicas. La vida humana fue iniciada hace aproximadamente 5,4 millones de años atrás y pasará mucho tiempo antes de que una vida humana diferente o distinta vuelva a crearse.

Por ello preferimos no usar el término creación de vida humana cuando se refiere a la fertilización. ¿En qué momento empieza a ejecutarse este proyecto de transmisión de vida, este intento de iniciación de un nuevo ciclo vital?

La fertilización es un proceso que se inicia normalmente con la ligadura del espermatozoide a la zona pelúcida (envoltura exterior del óvulo) en la fertilización natural y en la fertilización in vitro o con la penetración forzada (inyección) en caso de la inyección intracitoplasmática de espermatozoides (ICSI).

Se conoce con certeza que en los hombres normales la tasa de anomalías cromosómicas en los espermatozoides fluctúa entre 6 y 9 % y en los oocitos de las mujeres normales entre 21,3 y 30%, lo que se acrecienta claramente con la edad en la mujer y menos en el hombre.

Ello establece un riesgo aditivo estimado de anomalías cromosómicas en el embrión de 27 a 37%. El proceso de fertilización lo reduce al 20% (selección cigótica) en el período preimplantatorio; ello deja un remanente de 8-10% que se elimina en la selección preembrionaria y embrionaria del período posimplantatorio temprano (12 semanas) y queda un 0,6% que se mantiene y se muestra en los recién nacidos.

El único elemento visible y determinable en la actualidad que permite aseverar que el proceso de fecundación se ha completado es la aparición de los dos pronúcleos (masculino y femenino) 12 a 31 horas después de la inseminación, sin que esto permita asegurar la normalidad del proceso.

La etapa que va desde el momento de la ligadura del espermatozoide a la capa externa de envoltura del óvulo (zona pelúcida), que no puede identificarse hasta ahora en el proceso biológico, hasta la aparición de los pronúcleos, que sí puede visualizarse, se ha denominado etapa de precigoto y la que se identifica por la presencia de los pronúcleos es la etapa de cigoto.

La fusión de esos pronúcleos completa la singamia con lo que el genoma potencial y la identidad genética humana distintiva quedan establecidos. Jerome Lejeune, un genetista francés, formuló su teoría basada en que la vida comienza en la singamia, en la época en que no se conocían los trastornos a nivel molecular que ocurrían antes y después de la singamia y sobre los cuales el grupo de Gerald Shatten, y el nuestro en cooperación con ellos, han trabajado intensamente demostrando su importancia en las fallas de fertilización.

Pero la singamia no es por ahora diagnosticable en el laboratorio clínico; sólo el primer clivaje es evidencia de una singamia exitosa que no necesariamente es normal. La biología empieza ahora a saber que esa estructura genética determina la constitución proteica futura del embrión (proteoma) que es también vital para la viabilidad embrionaria y que la naturaleza de ese proteoma depende más de la forma de interacción entre los genes que del genoma (el conjunto de genes) mismo.

La compleción normal del proteoma sería por lo tanto otro momento, quizás el más importante, del que depende la suerte del embrión y sobre lo que la Biología molecular ha de hacer contribuciones fundamentales en el futuro inmediato.

La fecundación (fertilización), por lo tanto, no es un momento sino un proceso que dura muchas horas y comprende un número considerable de pasos o tiempos biológicos. Decir que el nuevo ciclo vital empieza con la fecundación es decir algo de significado puramente semántico que no especifica nada de modo biológico, hasta que no se establezca en cuál de sus múltiples momentos damos por concretada la fertilización y le demos a ese momento el nombre científico adecuado.

Yo añadiría que la condición de normalidad debe ser tenida en cuenta, porque la iniciación de un ciclo vital anormal que no tiene ninguna posibilidad de arribar al nacimiento de un niño vivo es un hecho de significación biológica y ética nula, a menos que sea susceptible de corrección médica.

La aparición de la primera división mitótica (clivaje) a las 27 a 46 horas de la inseminación, con la generación de dos células nuevas, certifica que el proceso ha continuado hasta esa etapa pero tampoco asegura su normalidad.

Las técnicas modernas han permitido poner de manifiesto anomalías severas de los procesos de fertilización y clivaje durante estas etapas en oocitos que no fertilizan, que fertilizan anormalmente, que no clivan o que clivan de modo defectuoso.

Desgraciadamente, y por limitaciones éticas, la información no está disponible en oocitos que forman dos pronúcleos o que clivan de manera aparentemente normal. La aparición de dos células marca la iniciación de la etapa de preembrión que se mantiene hasta la aparición de la cresta neural a los 14 días del desarrollo embrionario, que indica la iniciación de la etapa embrionaria.

En los primeros siete días de la etapa preembrionaria el precigoto, el cigoto y el preembrión flotan libremente en las cavidades de la trompa de Falloppio, primero, y en la cavidad uterina después (período preembrionario preimplantatorio) hasta que se completa el proceso de implantación (desconocido en la especie humana), momento en el cual se inicia el período preembrionario posimplantatorio.

La gestación en el ciclo natural en este período sólo puede ponerse de manifiesto por la realización de pruebas muy sensibles de diagnóstico de gestación, cosa que ninguna mujer hace, salvo que sea con fines experimentales y el fracaso de la misma origina un sangrado indiferenciable de una menstruación normal o ligeramente anormal.

La mujer nunca se enteró de que estuvo embarazada. A

esto se le llama embarazo bioquímico que, si fracasa, termina en un aborto menstrual. Esto, repito, en el ciclo natural.

En reproducción asistida el control de la posible gestación no puede hacerse hasta que los restos de hCG administrados para inducir ovulación hayan desaparecido, por lo tanto el embarazo bioquímico no puede diagnosticarse a menos que no se haya utilizado hCG.

Si el embarazo existe de acuerdo con las pruebas biológicas tempranas, la menstruación se retarda, y si fracasa y la paciente sangra antes o a los 14 días de la transferencia, ello configura un aborto preclínico, que casi invariablemente se resuelve de manera espontánea. No existe nombre adjudicado a este tipo de gestación. La aparición en el embrión de la cresta neural marca el final del período preembrionario, indica por primera vez la individuación e inicia el período embrionario.

Este período se completa alrededor de las 12 semanas de gestación en que comienza el período fetal. La caracterización de estos períodos ha sido criticada por algunos como derogatoria de las primeras etapas del embrión y por otros como una intención aviesa de los biólogos y médicos para poder manipular el embrión a su arbitrio.

Los médicos y los biólogos por lo general no tienen intenciones aviesas sino que pretenden aclarar fenómenos o identificar o tratar patologías.

Cada uno de los períodos mencionados del desarrollo embrionario tiene características fisiopatológicas singulares e identificables y ése ha sido el único motivo para establecerlos. A pocos o a nadie se le ocurre que los períodos establecidos en la caracterización de los niños después del nacimiento, en neonatos, lactantes, infantes, prepúberes, púberes y pospuberales, se haya hecho con fines derogatorios o aviesos. Simplemente responde a características fisiopatológicas especiales de cada uno y a posibles necesidades medicoterapéuticas diferentes.

La población en general tampoco tiene información suficiente acerca de la fertilidad de las parejas consideradas normales y que se exponen a coito fecundante en el momento oportuno.

Los trabajos publicados con sólido diseño experimental, estiman cifras que varían entre el 14 y el 33% (Leridon 1977, Miller 1980, Edmonds 1982, Whitaker 1983, Wicox 1988). Ello es un índice claro de que la fertilidad de la pareja humana, aún en condiciones normales, comparada con la de otros mamíferos, es muy ineficiente, pero es muy eficiente en seleccionar y eliminar embriones anormales, no todos de causa genética, obviamente.

Se deduce de las cifras antes expuestas sobre tasa de embarazo a término por ciclo de exposición, que el 67 al 86% de los embriones son anormales e inaceptables para la reproducción humana normal.

Estos datos evidencian con claridad que considerar a todos los embriones iniciales igualmente aptos para generar un niño vivo es un grave error de concepto. Por lo tanto el hallazgo de un marcador eficaz de la viabilidad embrionaria es imprescindible en investigación básica para diagnosticar de entrada cuáles embriones son capaces de originar un niño vivo y cuáles no.

Ello eliminaría en forma automática la suposición insostenible desde el punto de vista biomédico, de que todos los embriones son iguales a partir del inicio de la fertilización y permitiría ajustar la condición moral del embrión a su verdadera naturaleza y a su capacidad de completar satisfactoriamente el proceso reproductivo humano normal.

Con estos antecedentes, volvemos al tema clave de la condición del embrión humano. Las circunstancias en que se realiza este análisis varían sustancialmente en reproducción natural y en reproducción asistida. Ya hemos establecido que en reproducción natural la demostración de la existencia de un embrión con la tecnología actual no puede sospecharse ni diagnosticarse hasta después de la implantación, ya sea por métodos indirectos (prueba de embarazo) o por métodos de visualización directos (ultrasonografía).

Tampoco es posible, salvo en circunstancias y con tecnologías excepcionales, determinar la presencia de un embrión flotando libremente en las cavidades tubárica o uterina. El problema se plantea fundamentalmente en reproducción asistida, en donde sabemos de la existencia de un cigoto desde el momento de la visualización de los pronúcleos y de un preembrión a partir del primer clivaje.

El interés se centra ahora en la discusión acerca de la condición del embrión después de la fertilización y luego de la implantación. ¿Son todos los preembriones ética y moralmente merecedores de igual o similar respeto? ¿O a medida que disminuyen sus posibilidades de fracaso y por lo tanto aumentan las de éxito para establecer un embarazo y lograr un niño vivo después del nacimiento, según los parámetros extensamente discutidos antes, su respetabilidad aumenta en forma progresiva?

En un extremo del espectro de consideraciones ético-morales se encuentran los que opinan que el preembrión como proyecto o posibilidad de devenir una persona humana merece diferentes grados de respeto en sus distintas circunstancias evolutivas a medida que su potencial de concretar con éxito ese proyecto o posibilidad aumentan, partiendo de la base de que, por tratarse de un elemento con la potencialidad o posibilidad de transmitir vida humana, el grado inicial de respeto es siempre superior al que otorgamos a otras células o tejidos sin ese potencial.

En el extremo opuesto se hallan los que le otorgan condición de persona humana desde la fertilización, de acuerdo con la Convención de Costa Rica.

El paciente tiene que moverse entre esas dos posiciones extremas.

Trataremos de clarificar los términos.

El Diccionario de la Real Academia Española define a la persona como un "individuo de la especie humana" y desde el punto de vista del derecho como "una organización de personas o de personas y de bienes a la que el derecho reconoce capacidad unitaria para ser sujeto de derechos y obligaciones, como las corporaciones, asociaciones, sociedades y fundaciones".

Incluido en la primera definición está el concepto de individuo, descripto como "que no puede ser dividido. Cada ser organizado, sea animal o vegetal, respecto de la especie a que pertenece". Por otra parte individuar significa "determinar individuos comprendidos en la especie". Para completar la idea falta definir el término único: "solo y sin otro de su especie" y el de unicidad: "como calidad de único".

En la definición angloamericana, persona se entiende como "un ser humano viviente especialmente para distinguirlo de animales o cosas" y en derecho como "un ser humano u organización con derechos legales y obligaciones". Steinbock (1992), con quien coincidimos, distingue dos sentidos o significados en el término persona; un sentido es normativo y se refiere a una categoría moral completa, el segundo es descriptivo y se refiere a la posesión de autoconciencia que típicamente se acompaña de otros atributos: lenguaje, capacidad de pensamiento racional y acción, aptitud para profesar valores y medios morales.

De acuerdo con ello, los embriones, fetos e infantes no son personas en el sentido descriptivo, y en el sentido normativo hay que decidir si tienen una situación moral intrínseca o conferida.

El Diccionario Católico define a la persona como "el concepto filosófico desarrollado casi exclusivamente por filósofos cristianos bajo la influencia de los misterios de la Trinidad y la Encarnación. Sustancia individual de naturaleza racional".

La necesidad de identificar la individuación en el período preembrionario preimplantatorio para poder clasificar al preembrión como una única persona es sólo posible con la identificación de la cresta neural, lo que es médicamente imposible; en el período posimplantatorio también lo es hasta que no se pueda identificar la existencia de un embrión único por métodos visuales.

La eliminación de una patología tampoco es posible hasta que se compruebe que el embrión prosigue su desarrollo normalmente, mas allá de las doce semanas y que hasta ese momento no aparece patología ultrasonográfica o endocrinológica diagnosticable.

La superación de este período por el embrión implantado hace que las chances de aborto bajen al 3%. Pero como lo hemos establecido en párrafos anteriores, no nos olvidemos de que en la totalidad de las investigaciones realizadas hasta ahora con preembriones o embriones de ciclos naturales o asistidos, las chances de que un embrión dé origen a un niño nacido vivo (no necesariamente sano) son inferiores al 30%.

Por lo tanto, el clasificar a todo oocito fertilizado como persona erraría en más del 60% de los casos a menos que los clasificásemos como personas por morir, muertas o inviables.

El Código Civil argentino no reconoce sino a dos tipos de personas: personas por nacer, que requieren para sospechar su existencia poder diagnosticar el embarazo, y personas. Estos preembriones no pueden ingresar en ninguna de las dos categorías, de modo que, legisladores y jueces, a las cosas.

A medida que el desarrollo embrionario avanza a lo largo de las sucesivas etapas descriptas, aumenta el grado de respeto por este proceso progresivo que al inicio es de potencial y posibilidades muy limitados, por todas las consideraciones que mencionamos, pero que al llegar a la implantación exitosa adquiere un grado de respeto superior.

Éste se acentúa cuando existe un embrión con actividad cardíaca registrable (sin actividad cardíaca no hay vida posible) y después con actividad neurológica y función cerebral detectables (sin ellas tampoco hay vida posible), cuando aparece sensibilidad (posibilidad de sentir dolor), se adquiere conciencia, racionalidad y conciencia de sí mismo.

El respeto se hace máximo con el nacimiento de un niño

vivo (repito que no requiere normalidad) que demuestra su capacidad de vida independiente de la madre (persona humana). Actualmente y con la tecnología disponible, la actividad cardíaca ultrasonográfica comienza a hacerse visible en embriones de 8,3 mm de longitud craneocaudal, cuando los dosajes de Gonadotrofina Coriónica humana (hCG) están por encima de 9.200 mIU/ml y el embarazo tiene más de 41 días de gestación (27 días de concepción); los latidos cardíacos son siempre visibles en embriones de 14,0 mm de longitud craneocaudal, con cifras de hCG por encima de las 24.000 mUI/ml y 46 días de edad gestacional (32 días de concepción).

Por otra parte, y también con la tecnología actual, se ha calculado que un feto adquiere conciencia de acuerdo con la actividad neurocortical entre las 30 a 35 semanas de la concepción o 32-37 semanas de edad gestacional.

Este respeto graduado por la adquisición de posibilidades y de funciones, es la posición que siempre hemos sostenido desde el punto de vista biológico y médico.

En la terminología norteamericana hay una gradación de diferencia entre posible (capacidad de que se produzca) y probable (más probable que se produzca). Por lo tanto, darle al oocito fertilizado o al preembrión categoría de persona desde su aparición es ilógico y la de persona por nacer requiere su reconocimiento, lo que aún hoy sólo puede hacerse de manera relativamente tardía y por cierto no antes de la implantación.

Capítulo 13

LEGISLACIÓN Y REPRODUCCIÓN ASISTIDA

por la doctora Claudia Silvani
y la escribana Patricia Casal

El primer nacimiento de un bebé mediante el uso de una técnica de fertilización asistida revolucionó a la ciencia médica y sin duda, de modo simultáneo, convulsionó a la ciencia jurídica. El Derecho se enfrentaba a una nueva realidad careciendo de respuestas adecuadas capaces de abarcarla.

Internacionalmente se abrió el debate. La multiplicidad de interrogantes bioéticos y jurídicos que las técnicas de reproducción humana médicamente asistida planteaban, convocó a intensivos estudios sobre el tema.

El Derecho Extranjero expone cómo cada país se abocó al tratamiento de la temática elaborando soluciones jurídicas específicas tendientes a dar respuestas propias al ejercicio de los procedimientos de la reproducción humana asistida.

Trascendencia internacional tuvieron los llamados Informe Warnock (Report of the Committee of Inquiry into Human Fertilization and Embriology, Londres, Julio 1984, Departamento de Salud y Seguridad Social) y el Informe Palacios (España, así reconocido en virtud del nombre del presidente de la Comisión Especial de Estudio de la Fecundación in vitro y la Inseminación Artificial Humanas. 1986).

Desde aquel entonces hasta la actualidad el derecho extranjero ofrece una diversidad de soluciones jurídicas, que sin perjuicio de la denominación que utilicen las normas respectivas, dan un marco normativo a la temática. Ejemplo de lo expuesto son España, Francia, Gran Bretaña, Alemania, Noruega, Dinamarca y muchos otros países.

La Argentina no estuvo ajena. En el primer quinquenio de la década del ochenta la práctica de las técnicas de reproducción humana asistida estaba instalada en el país, tomando estado público, en los primeros meses del año 1986, el nacimiento de mellizos.

Pese a los años transcurridos desde entonces y a la intensificación de la experiencia generadora de un gran número de niños nacidos con la ayuda de estas técnicas, aún carecemos de una ley específica que regule el tema.

En la realidad argentina el debate sigue abierto; no existe consenso en la respuesta a interrogantes de neta raigambre bioética que se proyectan directamente en el campo del Derecho.

Obviamente, el primero de ellos es el determinar el *status* jurídico del embrión extrauterino.

En el universo jurídico nacional, la importancia del tema la podemos observar en la recurrencia a su tratamiento en publicaciones efectuadas en revistas especializadas y fundamentalmente en las Jornadas Nacionales de Derecho Civil.

Sin perjuicio de la diversidad de opiniones, existe consenso en señalar la necesidad de tener un marco normativo específico. Así, en las conclusiones de las XIX Jornadas Nacionales de Derecho Civil, celebradas en el mes de septiembre de 2003, en forma mayoritaria se expresó: "Es necesario regular las técnicas de reproducción asistida prescindiendo de éticas particulares para asentar la respuesta legal en lo que la moral social acepta como valioso, dentro del contexto de una sociedad pluralista y democrática, teniendo como referencia los derechos humanos. Dicha regulación debería receptar aportes provenientes de otras disciplinas y establecer soluciones jurídicas revisables ante los avances científicos".

El vacío legislativo al que hacemos referencia no significa que no exista marco legal alguno. El país tiene un ordenamiento jurídico, que está dotado de un orden jerárquico: Constitución Nacional, tratados y convenciones que conforme a lo que ella establece poseen jerarquía constitucional, los demás tratados celebrados por la Nación; leyes, decretos, resoluciones.

Mientras no exista una legislación propia que contemple el abanico de situaciones que las técnicas pueden presentar, es el ordenamiento jurídico descripto el que va a dar respuesta a los problemas, el que va a determinar legalmente qué es lo que puede o no puede hacerse.

El juez, frente a la situación que se le plantee y para dictar su sentencia, va a efectuar una tarea interpretativa de los principios y normas jurídicas que componen su ordenamiento jurídico nacional.

En nuestro país superan la decena los proyectos de leyes que se han presentado sobre este tema. Como expresáramos, ninguno de ellos prosperó de forma tal de convertirse en ley. Nuestro objetivo en estas páginas es informar, en términos generales, cuáles son las posturas que éstos han sostenido en los distintos aspectos que plantea la reproducción humana asistida.

Nos proponemos simplemente dar un panorama de las propuestas legislativas nacionales, en aquellos aspectos trascendentes, considerando la existencia de dos tendencias denominadas "permisivas" o "restrictivas", explicitando en diversas oportunidades qué soluciones jurídicas ofrecen otros países al interrogante planteado.

¿Para utilizar una técnica de reproducción humana asistida se debe ser estéril o infértil o puede usarse como una opción alternativa de procreación? ¿Frente a qué situaciones los proyectos de ley permiten la utilización de las técnicas de fecundación humana asistida?

Existe coincidencia en que su uso procede frente a los casos de esterilidad o infertilidad, problemática que será "evaluada por un equipo médico interdisciplinario" o "indicada clínica o científicamente". Sin perjuicio de los matices que éstos puedan presentar, en cuanto a la determinación, todos exigen como requisito de procedencia la esterilidad o infertilidad comprobada. Los proyectos nacionales no permiten el uso de las técnicas como un medio alternativo de reproducción.

En la realidad mundial, no todas las leyes establecen específicamente en qué casos serán utilizadas las técnicas de reproducción humana asistida. Así, por ejemplo, no lo prevén en general las distintas regulaciones de los Estados integrantes de Estados Unidos de Norte América.

Siguen el criterio de determinación, por ejemplo, Costa Rica y algunos Estados australianos, estableciendo que las técnicas serán procedentes en casos de esterilidad. Este criterio es adoptado también por la legislación española (Ley N° 35 del 22-11-88 sobre Técnicas de Reproducción Asistida), la que hace extensiva a la aplicación de las técnicas, a la prevención y tratamiento de enfermedades de origen genético o hereditario.

¿Qué diferencia existe entre infertilidad o esterilidad?

Los proyectos utilizan estos términos entendiendo que el concepto de esterilidad implica no poder lograr un embarazo, mientras que la infertilidad expresa la imposibilidad de llevarlo a término.

¿Quiénes están habilitados para someterse a las técnicas de reproducción humana asistida? ¿Tengo que estar casado o en pareja? ¿Puede acceder una mujer sola?

En razón del estado civil, los proyectos más restrictivos sólo admiten el uso de las técnicas a los matrimonios, estableciendo algunos de ellos incluso requisitos a las situaciones matrimoniales tales como por ejemplo, la edad de la mujer, o requisitos temporales del vínculo matrimonial (plazo mínimo de 3 años de matrimonio).

Los más permisivos amplían el espectro extendiendo la

posibilidad a parejas —varón y mujer— convivientes sin vínculo matrimonial. Algunos exigen un tiempo mínimo de convivencia acreditada (plazo de convivencia de hecho mínimo 3 años).

La tendencia mayoritaria es contemplar como destinatarios a los matrimonios o parejas estables; existiendo algunos proyectos que han incluido a la mujer sola.

Estos proyectos se enrolan en la postura permisiva de la legislación española, que establece que toda mujer mayor de 18 años, plenamente capaz, podrá ser usuaria de las técnicas.

Entre los países que no hacen mención al tema se encuentran, por ejemplo, Inglaterra (Human Fertilization and Embriology Act 1990 c.37), Alemania (legislación que configura el modelo del denominado "criterio restrictivo") y Estados Unidos.

Con relación a los sujetos —personas— que pueden someterse a las técnicas, el nudo de la problemática se encuentra en determinar si se permite o no el acceso a ellas a mujeres solteras, con diagnóstico de esterilidad o infertilidad.

Se esgrimen a favor argumentos que invocan la existencia de un "derecho a procrear", la no discriminación, la existencia, en nuestro país, de la ley de adopción que habilita a la mujer soltera a adoptar; en contra, se señala "el interés superior del niño que nacería fuera de un contexto familiar", el condenar de antemano a un menor a la orfandad paterna.

La mentada discusión se intensifica cuando se plantea la posibilidad de permitir el acceso a las técnicas a la mujer soltera y cuando simultáneamente no se contempla el requisito de "esterilidad o infertilidad comprobada" para acceder a las técnicas.

La controversia se origina en virtud de configurar esta última situación, la posibilidad del requerimiento de parejas compuestas por personas de un mismo sexo, utilizando a las técnicas como un método alternativo de procreación.

Ante la inexistencia de un marco legal específico, psicólogos, abogados, religiosos y la sociedad en general se encuentran comprometidos en el debate, quedando supeditada al criterio ético del médico actuante, la decisión última sobre el tema.

La solución a esta situación no es la misma en todo el mundo. Cada sociedad, cada centro especializado y aún cada médico en particular, deciden según valores y parámetros distintos, si realizará o no el tratamiento requerido.

En Holanda, por ejemplo, la Comisión Nacional de Antidiscriminación, cuyos dictámenes no son vinculantes pero son generalmente considerados en la Justicia, realizó un estudio sobre doce clínicas de reproducción asistida del país. Encontró que ocho de ellas se negaban a practicar tratamientos en mujeres solas, mientras cuatro no realizaban tratamientos a parejas compuestas por dos mujeres.

Frente a esta situación, la comisión se abocó al análisis del tema. Se basó en estudios psicológicos y sociológicos realizados en Estados Unidos, donde el tratamiento del asunto goza de una mayor apertura y permisividad. En términos generales existen estudios que demuestran la importancia de que el niño crezca en una familia con ambos padres. Otras investigaciones han hecho el seguimiento de parejas compuestas por dos mujeres y sus hijos y, hasta el momento (los estudios aclaran que es necesario continuar el seguimiento ya que ninguno de ellos contempla adolescentes, jóvenes y adultos porque los niños no han llegado aún a esa edad) no demuestran daño alguno en el niño por el hecho de tener dos padres del mismo sexo, ni mayor tendencia a la homosexualidad que otros niños de la misma edad en familias de padres heterosexuales.

La Comisión Nacional Antidiscriminación holandesa concluyó que no es discriminatorio negar el tratamiento a mujeres solas, pero sí lo es negarlo a una pareja homosexual estable, toda vez que al referirse su legislación a "pareja estable" no puede inferirse que la "estabilidad" posee como requisito intrínseco la necesidad de heterosexualidad.

Sin duda, transpolar a cualquier sociedad las conclusiones a las que arribó esa comisión, sería apresurado y desmedido.

En Argentina, como hemos mencionado, sin una legislación que la contemple, los médicos toman la decisión de tratar o no parejas de un mismo sexo, según su conciencia. En algunos casos, los centros como unidad deciden una política al respecto, y en otros, es cada profesional el que adopta una u otra postura.

¿Cómo consigo la información necesaria para tomar mi decisión? ¿Tengo que comunicarla a mi médico de alguna forma especial? ¿En qué consiste el llamado "consentimiento informado"?

Actualmente, previo a cualquier tratamiento médico, se requiere el denominado "consentimiento informado" del paciente.

En términos generales podemos decir que se alude como tal, al proceso por el cual el médico informa al paciente sobre los tratamientos a seguir, sus riesgos y todo aquello que fuera necesario para una toma de decisión consciente y reflexiva sobre la aceptación o no de las posibilidades que ofrece cada situación individual.

Este proceso culmina con la firma de un documento donde el paciente exterioriza su voluntad de someterse a los tratamientos propuestos.

La necesidad de la existencia del documento no ofrece dudas, mas éstas se suscitan en relación con las formalidades que debe respetar dicho consentimiento y sobre las particularidades que deberá contener el instrumento en el cual se expresa esa aceptación.

Si bien los proyectos nacionales se limitan a requerir su existencia, personalmente entendemos que constituye un proceso dinámico de información a los futuros progenitores, el que debe ser nutrido con el aporte interdisciplinario por los múltiples enfoques que el tema permite.

En último término queremos destacar que "información" no es lo mismo que "consentimiento informado" y que el equipo médico deberá rodear al mismo de todos los recaudos especiales y necesarios que aseguren la verdadera comprensión de la cuestión sobre la cuál se ha de decidir.

¿En todos los casos tengo que firmar un documento para dar mi consentimiento?

¿Se requiere el consentimiento informado para abordar los tratamientos y frente a la diversidad de situaciones comprome-

tidas en la aplicación de las técnicas de reproducción humana asistida que requieren una toma de decisión reflexiva del paciente?

Sí. Todos los proyectos lo incluyen como requisito previo y en todos los casos se exige como mínimo que se exprese por escrito (instrumento privado).

La diferencia entre ellos radica en que algunos elevan las exigencias de formalidad requiriendo instrumento público (escritura pública).

¿Qué son y qué diferencia hay entre un instrumento privado y un instrumento público?

Jurídicamente, instrumento privado es aquel otorgado, firmado por las partes sin intervención de un oficial público. Las exigencias que establece el Código Civil para los instrumentos privados son sólo dos: estar firmados por las partes y el recaudo del doble ejemplar.

El instrumento público es aquel al que la ley le confiere autenticidad por sí mismo, sin requerir comprobaciones posteriores a su otorgamiento.

Opuesto al instrumento privado, el instrumento público es aquel que generalmente se otorga mediante la intervención de un oficial público. La diferencia fundamental entre ambos se pone en evidencia en el valor probatorio ya que el instrumento público hace plena fe sobre la autenticidad de su contenido. No requiere, por ejemplo, del reconocimiento de las firmas que contiene.

¿Por qué necesitaría a un escribano para dar mi consentimiento?

¿Por qué se requiere que el paciente exprese su voluntad frente a un tercero, depositario de la fe pública?

La tendencia, dadas las consecuencias que acarrea la prestación del consentimiento, es requerir instrumento público. Tales formalidades tienen, entre otras, la finalidad de generar un acto más reflexivo, precedido de un proceso de elaboración más prudente.

Se exige que la manifestación de voluntad se exprese frente a un escribano público (escritura pública) o frente a otro funcionario público para aquellos proyectos que prevén la creación de sistemas especiales de registro del consentimiento. (Si se creara un registro para la prestación del consentimiento el caso sería parecido al del matrimonio, cuyo consentimiento se expresa ante el funcionario correspondiente del Registro de Estado Civil y Capacidad de las Personas).

Así por ejemplo, la escritura pública es especialmente requerida en los proyectos que admiten como destinatarios de las técnicas a parejas convivientes de hecho —hombre y mujer no unidos por vínculo matrimonial— o en los proyectos que permiten la dación de gametos, por los efectos que este consentimiento trae sobre la filiación. Se exige el consentimiento expresado por instrumento público porque así exteriorizado implicará el reconocimiento de la filiación del hijo concebido, no pudiéndose desconocer posteriormente la paternidad del niño.

La legislación extranjera en general atribuye un lugar preponderante al consentimiento del paciente.

En Estados Unidos, uno de los lugares del mundo cuyas leyes reflejan mejor el respeto por la autonomía, las clínicas suelen regirse por recomendaciones para la creación de los consentimientos, con la intención de resguardar los derechos de las partes y evitar la posibilidad de futuras demandas judiciales.

España establece en su legislación que el consentimiento escrito es obligatorio para la realización de cualquier técnica, incluyendo las heterólogas, las prácticas de diagnósticos y la investigación de preembriones. Para el caso especial de fecundación posmortem, se exige el consentimiento a través de escritura pública o testamento.

Francia establece el requisito de consentimiento escrito para los mismos casos que España, y prevé prisión y multa para el que extrajere gametos de una persona sin su consentimiento.

La ley francesa (N° 94-653 del 29-7-94 relativa al respeto del cuerpo humano) establece en su Sección 4, Título tercero que las parejas que recurran a una técnica de reproducción asistida con la intervención de un tercero donante, deben dar previamente su consentimiento ante juez o escribano público, el que queda privado de efecto en caso de muerte, divorcio o separación, si algo de esto sucede antes de la realización del tratamiento.

La ley establece también expresamente que el consentimiento es en todos los casos revocable hasta el momento de la realización de la técnica respectiva, de acuerdo a lo previsto internacionalmente por el Convenio Relativo a los Derechos Humanos y a la Biomedicina.

¿Si no son aptos nuestros óvulos y/o espermatozoides podemos usar los de una tercera persona? ¿En qué consisten las denominadas técnicas de reproducción asistida homólogas y heterólogas?

Se conocen con el nombre de técnicas homólogas a aquellas en las que se utilizan gametos (óvulo y espermatozoide) pertenecientes a los miembros de la pareja.

Se denominan heterólogas cuando se utilizan gametos (óvulo o espermatozoide) de un tercero ajeno a la pareja.

¿Aceptan los proyectos ambas técnicas?

Hay consenso en admitir las técnicas homólogas. Las divergencias se presentan frente al uso de gametos de terceros; existen proyectos que prohíben su utilización, restringiendo de esta forma el campo de aplicación de la reproducción humana asistida al ámbito intraconyugal.

¿Qué requisitos se necesitan para usar óvulos o espermatozoides de un donante? ¿Cómo regulan la utilización de material genético ajeno a la pareja aquellos proyectos que aceptan las técnicas heterólogas?

En términos generales se exige que la dación sea hecha por persona mayor de edad y plenamente capaz, en forma anónima y gratuita. En todos ellos se establecen límites para la utilización de gametos provenientes de la misma persona. Por ejemplo, el que estipula que no podrán utilizarse gametos de una misma persona en más de tres fertilizaciones exitosas.

¿Por qué los abogados hablan de dación de gametos y no de donación?

Porque en estricto derecho, la donación es un contrato, mientras que el negocio jurídico entre benefactor y beneficiario no es emplazable en la categoría de contrato porque la obligación del benefactor no está gobernada por la fuerza obligatoria de los contratos.

Aún más, no podría ser un contrato porque su objeto (semen, óvulo) se encuentra fuera del comercio. Consideradas las células germinales "bienes de la personalidad", no pueden ser objeto de tráfico jurídico. Es el consentimiento sobre su disponibilidad el que opera como causa de exclusión de antijuricidad.

Algunos proyectos utilizan la expresión dación pero la mayoría se refiere a donación.

El término donación está altamente arraigado en la comunidad por ello, sin perjuicio de que estimamos que la expresión correcta es "dación", en reiteradas oportunidades lo seguimos utilizando para facilitar la comprensión del texto.

¿Por qué se exige que la dación sea gratuita y anónima?

Porque las células reproductoras humanas están fuera del comercio, rigiendo el principio de la prohibición de onerosidad. Si bien el principio es el de gratuidad, se admite en la práctica nacional e internacional, el reembolso de los gastos a quien realiza la dación.

Con respecto al anonimato, éste se predica en base a varias consideraciones entre ellas, facilitar la dación, que sería prácticamente inexistente si el dador se viera expuesto, por ese hecho, a contraer responsabilidades derivadas de la paternidad.

El total anonimato generado en aras a la protección del derecho a la intimidad del dador, se enfrenta al derecho a la identidad del niño: el derecho de todo ser humano de conocer su realidad biológica.

Si bien el anonimato es un requisito internacionalmente exigido y aceptado (España, Inglaterra, Noruega, Francia), la solución jurídica que ofrecen algunos derechos extranjeros, concilian la tensión existente entre el derecho a la intimidad del dador y el derecho a la identidad del niño, estableciendo que la revelación de la identidad del dador en los casos en que ésta proceda, no implica la determinación legal de filiación. En otras palabras, no le genera al dador responsabilidad procreacional.

En la doctrina nacional se propugna que la dación no sea secreta sino reservada. La reserva implica una garantía de acceso simple e inmediato a la información para los directos interesados (hijo, progenitores, representantes legales) y para todos aquellos que tengan un interés legítimo. Por ejemplo, aquel que indague para determinar si existe o no impedimento matrimonial.

Uno de los grandes temas que surge de las técnicas con utilización de gametas de un tercero, es el anonimato del donante. Las características de gratuidad y altruismo son compartidas por todas las legislaciones, que repudian su comercialización. Sin embargo, en lo que se refiere al anonimato del donante, el tratamiento varía en los distintos países. Francia por ejemplo, no permite conocer la identidad del donante (Ley 94-654 del 28-7-94 relativa a la donación y utilización de elementos y productos del cuerpo humano, de asistencia médica para la procreación y el diagnóstico prenatal).

En el extremo opuesto se encuentra Suecia, que prevé el acceso del nacido a la información identificatoria del donante. España establece la garantía de secreto en la dación, pero en 1996 se decretó la creación del Registro Nacional de Gametas y Preembriones para su identificación (Real Decreto 412/96 sobre Reproducción Humana Asistida).

Inglaterra permite al nacido como fruto de la técnica heteróloga, acceder a la "identidad genética" del donante a los 18 años. Sin embargo, en los últimos meses el debate volvió a plantearse, cuando a instancias de la HFEA (Human Fertilization and Embryology Authority) se presentó un proyecto para instaurar un sistema abierto.

En América latina, en Brasil, por ejemplo, se realizan técnicas con dación de gametas y Costa Rica va un paso más adelante, estableciendo expresamente en su legislación que el donante no tiene derechos ni obligaciones sobre el fruto de la concepción.

En el universo jurídico extranjero la dación de gametas se contempla adoptando sistemas diversos y más o menos restrictivos.

En muchos casos, las soluciones planteadas en la legislación son diferentes aún en el mismo país, al referirse a la dación de semen u óvulos. Alemania (Ley N° 745/90 del 13-12-90 sobre Protección del Embrión), por ejemplo, prohíbe expresamente la dación de óvulos, previendo sanciones para los médicos que la llevaran a la práctica.

La dación de semen es en general más receptada en la legislación extranjera que la dación de óvulos.

La misma tendencia se observa en Estados Unidos, donde sólo cinco Estados, entre ellos Florida y Texas, poseen legislación sobre dación de óvulos en la que se establece expresamente que la donante no tendrá derechos ni obligaciones sobre el niño que naciera de la fertilización de dichos óvulos.

¿Puedo donar (ser dador) o recibir (ser receptor) embriones? ¿Los embriones se adoptan? ¿Es posible la dación de óvulos fecundados?

Aquellos proyectos que prohíben las técnicas heterólogas y que, en el caso de las homólogas, limitan el número de óvulos que pueden ser fecundados (por ejemplo, en uno de los proyectos, no más de tres) no admiten la dación o adopción de éstos. Requieren que se transfieran la totalidad de los óvulos fecundados.

Para los casos en que ya existieran óvulos fecundados y fuera imposible transferirlos al seno materno, este proyecto prevé lo que denomina "adopción prenatal", diferenciando entre adopción plena y simple; y haciendo aplicable este instituto a los óvulos fecundados que ya se hallaran conservados a la fecha de entrada en vigencia del proyecto. No estipula mediante qué procedimiento, es decir de qué forma, se llevará a la práctica el sistema de adopción prenatal propuesto.

La adopción prenatal no está regulada en nuestro país. Se entiende que se debería determinar un procedimiento judicial sencillo y rápido que evite las críticas, por su complejidad, que se le hace al actual sistema de adopción, respetando la necesidad de la sentencia judicial para la creación del vínculo filial adoptivo. La sentencia judicial de adopción prenatal impediría una acción futura de impugnación de la maternidad o paternidad, ello sin perjuicio de reconocer al hijo el derecho de conocer sus orígenes.

Los proyectos enrolados en una corriente más permisiva, para el caso en que no resultara conveniente la transferencia al útero materno de todos los óvulos fecundados, ya sea por la salud de la mujer o para la eficacia del tratamiento, prevén la posibilidad de crioconservarse por un período limitado de tiempo, finalizado el cual, quedan a disposición del centro médico con el único fin de ser transferidos a una mujer.

En todo momento utilizamos la terminología de "óvulos fecundados" ya que ésta es la expresión que utilizan los proyectos analizados.

España e Inglaterra, por ejemplo, lo contemplan expresamente estableciendo la dación como sistema a utilizar, asimilando de esta manera al embrión con las gametas.

Francia adopta el criterio de adopción (Ley 94-654 Art. L 152-5) y sanciona en sus leyes la comercialización de embriones

En Estados Unidos no hay, por el momento, legislación al respecto, y las partes son quienes deciden, en forma privada, cuál será el sistema a utilizar.

Tanto la dación como la adopción cuentan con posturas a favor y en contra. Aquellos que están a favor de la dación de embriones sostienen que este sistema es más rápido y menos complicado. Que la intervención de abogados y del sistema judicial burocratizaría la situación y por esa razón, menos parejas estarían dispuestas a dar y recibir embriones.

En definitiva, quienes apoyan este sistema, asimilan al embrión a un tejido del cuerpo, a una célula, y por tanto, no creen que deba diferenciarse de la dación de gametas.

Quienes apoyan la utilización del sistema de adopción, consideran al embrión como una persona y en consecuencia, no creen que deba diferenciarse el sistema, del de adopción de menores. Concluyen que la participación del sistema judicial en el procedimiento daría mayor seguridad tanto a las parejas dadoras como receptoras, por lo que el número de éstas aumentaría. Finalmente concluyen que este sistema desalentaría a inescrupulosos que pretendieran lucrar con los embriones, y así, aquellos que no están de acuerdo con permitir que se den o acepten embriones de terceros, opondrían tal vez, menos objeciones.

En la actualidad, las clínicas en los países sin legislación al respecto, ofrecen uno u otro sistema a sus pacientes.

Para el Derecho ¿cuándo comienza la existencia de la persona? ¿Qué establecen los proyectos legislativos sobre el tema?

El comienzo de la vida ha sido y será uno de los misterios que probablemente acompañará al hombre a través de la historia.

La ciencia, la religión, la filosofía y el Derecho han buscado desde el principio de los tiempos, una respuesta al interrogante del origen de la vida y a su milagroso comienzo.

Diversos han sido los planteos y las respuestas encontradas y sustentadas. Sin embargo, el interrogante continúa aún vigente y tal vez hoy más que nunca requiere de la discusión interdisciplinaria y de la creación de espacios para el debate compartido.

No somos en todo caso los hombres y las mujeres del Derecho los llamados a develar el interrogante sobre el comienzo de la vida. Sin embargo, no obsta tal observación a la posibilidad cierta del derecho de determinar convencionalmente el comienzo de la personalidad, desde un punto de vista jurídico, el determinar el *status* jurídico del embrión extrauterino.

Las distintas posturas adoptadas por las legislaciones tienen en cuenta los estadios de desarrollo biológico del embrión.

Se han dado varias teorías, entre ellas: la de la fecundación o de la formación del genotipo, la teoría de la anidación, la teoría de la formación del sistema nervioso central.

En forma simplificada y a título de clarificar lo establecido por las legislaciones, podemos decir que las posturas más prohibitivas, establecen el punto de inicio de la existencia de la persona en los estadios del proceso de desarrollo más cercanos al momento en que el espermatozoide penetra el óvulo. Este primer contacto de ambas gametas fue considerado como inicio de la vida humana para alguno de los proyectos argentinos.

Una de las legislaciones más prohibitivas del mundo, la alemana, fija el comienzo de la persona a partir del momento de la fusión nuclear, que se produce horas más tarde de la penetración del óvulo por el espermatozoide, cuando el núcleo del óvulo y el núcleo del espermatozoide se unen (fusión de los pronúcleos de los gametos), dando forma a un mapa genético único. Hablamos en este estadio de huevo o cigota.

Es por esta razón que Alemania adoptará una solución

siempre restrictiva con respecto a aprobar o no cualquier tipo de acción sobre el embrión, al que ya considera persona a partir de este momento.

El criterio que reclama que se le otorgue al embrión desde sus primeros estadios el *status* de "persona" es el adoptado por los legisladores argentinos que presentaron el proyecto más cercano a ser sancionado (Registro de ingreso 2446-D-96). En él no se aceptaba que fueran fecundados más de tres óvulos y se establecía que la totalidad de los embriones resultantes fueran transferidos al útero. Se afirmaba que "hay concepción de vida humana desde el momento en que el espermatozoide ingresa en el óvulo" y se prohibía la crioconservación de embriones.

Este proyecto contó con el rechazo total de la comunidad médica, por las limitaciones que imponía sin considerar, entre otras cosas, el desgaste físico y psíquico que cada intento importa para la mujer, donde resulta imperioso optimizar las posibilidades de lograr un embarazo con el menor número de intentos.

Además, fue desfavorablemente considerado en el ámbito jurídico por su defectuosa técnica legislativa.

Si el embrión es viable, continúa su desarrollo con la formación de células que se multiplican hasta alcanzar el estadio denominado blastómera, cuando es, en general, transferido al útero.

La teoría de la anidación releva como momento significativo la fijación del embrión en el útero materno.

Alrededor del día 14 comienza a formarse la cresta neural del embrión, diferenciándose las células que darán lugar al sistema nervioso.

Este momento es tomado por algunas legislaciones, como la inglesa, como el inicio de la existencia de la persona. Por esta razón estos sistemas admiten con mayor permisividad la intervención sobre embriones hasta este estadio ya que no consideran que pueda hablarse, hasta allí, de persona.

En Estados Unidos, la doctrina en general sostiene la posición "prepersonal" al referirse al *status* del embrión. No lo consideran persona, sino que lo definen como una entidad biológica diferente a las cosas y a las personas y establecen en sus leyes cuáles serán los procedimientos de los cuales el embrión puede ser objeto.

Al margen de las distintas teorías, ¿es posible proteger jurídicamente a los embriones extracorpóreos sin reconocerlos como persona?

Es indudable que deben ser protegidos. Resulta importante resaltar que todas las posturas, aún las más permisivas, ponen énfasis en el respeto que el embrión merece como símbolo de vida futura y como consecuencia de ello, la protección legal que debe imponerse.

En la realidad argentina, al no existir legislación específica el debate se centra alrededor de la interpretación extensiva del Código Civil Argentino (Ley 340 sancionada en 1869) que establece que "la existencia de la persona comienza desde la concepción en el seno materno".

La postura mayoritaria interpreta que el codificador, Dalmacio Vélez Sarsfield, se refería al momento de la concepción y que la expresión "en el seno materno" no es requisito, ya que no pudo el jurista haber imaginado en las postrimerías del año 1800, otro lugar para la concepción que no fuera el útero materno.

La postura contraria considera que la concepción en el seno materno no se produce sino hasta el momento de la implantación del embrión en el útero, por lo que el embrión in vitro no poseería *status* de persona.

Con la intención de poner fin a esta discusión, la mayoría de los proyectos argentinos establecen el comienzo de la existencia de la persona desde la concepción dentro o fuera del seno materno.

Sin embargo, el vocablo "concepción" continúa siendo eje de la discusión para las distintas posturas al momento de su interpretación, ya que cada una la sitúa en un punto diferente del desarrollo biológico del embrión.

Esta discusión, de innegable relieve filosófico, se torna absolutamente práctica cuando se intenta dar respuesta legal a toda problemática derivada de las prácticas de reproducción humana asistida, transformándose así en piedra fundamental sobre la cual las leyes erigen sus soluciones.

¿Se puede congelar esperma u óvulos antes o después de ser fecundados? ¿Permiten los proyectos la criopreservación o congelamiento de gametos y/o embriones?

Nos referimos, al hablar de criopreservación, al proceso de congelamiento y almacenamiento de gametos o de embriones en frío, en recipientes con nitrógeno líquido, que permiten su conservación por mucho tiempo.

En términos generales, los proyectos aceptan la crioconservación de gametos, haciendo especial referencia al semen, difiriendo la aceptación de la crioconservación de óvulos para el momento en que su viabilidad esté científicamente demostrada.

Con respecto a la criopreservación de embriones, los proyectos más permisivos sólo la admiten para los casos en que la transferencia de la totalidad de los óvulos fecundados no resultara conveniente para la salud de la mujer o para la eficacia del tratamiento. Prevén un período máximo de tiempo durante el cual podrán permanecer crioconservados, finalizado este tiempo, los embriones quedan a disposición del centro médico para su transferencia a una mujer.

Las leyes extranjeras en general admiten la criopreservación de embriones y tratan el tema en forma expresa.

Algunos países establecen en sus legislaciones el período máximo durante el cual los embriones pueden permanecer criopreservados. Un ejemplo de ello son Inglaterra y España, que fijan dicho plazo en cinco años.

La experiencia, sin embargo, ha demostrado que en la práctica, la letra de la ley puede no conllevar un resultado deseable.

Así, hace algunos años en Inglaterra se destruyeron miles de embriones cuando una vez cumplido el plazo fijado de cinco años, nadie los había reclamado.

Como ya hemos mencionado al hablar de embrión, Inglaterra no considera que un embrión antes de la formación de la cresta neural sea una persona. Por lo tanto, al descartar a los embriones criopreservados sólo se destruían células en desarrollo. Pero esta acción fue mundialmente criticada y a partir de ese momento, surgieron diversos proyectos de leyes en distintos países, buscando una solución que evitara llegar a tan indeseable resultado.

De esta manera, se habló de aumentar el número de años de cinco a diez, solución que en nada mejora a la original, ya que sólo difiere el problema hacia más adelante.

También se trató la posibilidad de mantener los embriones criopreservados hasta el momento de la menopausia de la mujer que aportó su óvulo o de establecer la obligación de las clínicas de comunicarse fehacientemente con los progenitores del embrión cada seis meses para que éstos renueven su consentimiento. Ninguno de estos proyectos, sin embargo, se ha convertido en ley hasta el momento.

¿Qué pasa si una pareja no se pone de acuerdo sobre qué hacer con los embriones crioconservados? ¿Y si se separa? ¿Qué sucede frente al desacuerdo de una pareja con respecto al destino que dará a sus óvulos fecundados o a sus embriones crioconservados?

Especialmente uno de los proyectos alude a la intervención judicial. Es decir que cualquiera de los miembros de la pareja podrá recurrir al juez, quien resolverá la cuestión con el procedimiento más breve que prevea la ley local.

Internacionalmente, en la actualidad la mayor cantidad de litigios relacionados con la criopreservación se centran en la disposición de éstos.

El típico ejemplo es el de las parejas que se separan o divorcian y no logran llegar a un acuerdo sobre el destino que darán a sus embriones: uno de ambos desea intentar con ellos el logro de un embarazo, mientras el otro ya no quiere tener hijos con esa persona. Los casos que llegan ante un juez por este motivo son numerosos, y las soluciones a las que se arriban, son dispares.

Puede decirse que en Estados Unidos los jueces tienden a hacer prevalecer el derecho de quien no quiere procrear, ordenando la destrucción de los embriones criopreservados o su donación a la clínica para investigación.

Aquí toma relevancia el consentimiento informado que la pareja haya firmado previo a la criopreservación.

Actualmente, se intenta generar conciencia en médicos y pacientes sobre la necesidad de informar y prever todas las situaciones posibles y las soluciones que la pareja desea dar a cada una de ellas, redactando el instrumento donde se expresa el consentimiento de modo que comprenda todas las posibilidades, que no sea ambiguo, que respete el marco legal vigente, que establezca su duración, que contenga abundante información sobre los firmantes y que prevea las responsabilidades de los centros de salud y los particulares.

En el caso Litowitz vs. Litowitz (102 Wn. App. 934 2000 / 48 P. 3d 261 2002), puede observarse la relevancia dada a lo establecido en el consentimiento que la pareja había firmado.

Se criopreservaron dos embriones creados con esperma del hombre de la pareja y óvulos de donante. La pareja firmó en ese momento un consentimiento que establecía que en caso de divorcio, si los esposos no lograban llegar a un acuerdo sobre la disposición de los embriones criopreservados, decidiría un juez. También establecieron en el consentimiento que, si pasados cinco años de su firma, los esposos no firmaban una prórroga del documento, los embriones serían destruidos. La pareja se divorció y la mujer quiso que se transfirieran los embriones al útero de una mujer que actuaría como madre subrogada. El marido, por su parte, deseaba donar los embriones a una pareja de otro estado.

La Cámara de Apelaciones de Washington, considerando los derechos constitucionales, decidió que a la mujer no
le asistía el derecho a procrear porque los óvulos no eran
propios. Ordenó la donación de los embriones a otra pareja,
respetando de esta manera el derecho a no procrear del
marido y la posibilidad de desarrollo del embrión, sin que
el hombre adquiriera derecho ni obligación alguna sobre el
niño que por nacer.

El caso llegó a la Corte Suprema de Justicia de Washington, donde el fallo anterior se revirtió, considerando en esta
instancia, derechos contractuales. Así, la Corte dio prioridad a la cláusula que establecía que si después de cinco
años la pareja no prorrogaba el acuerdo, los embriones se
descartarían. Ya habían pasado cinco años al momento
de trabarse la demanda, por lo que la Corte decidió la
destrucción de los embriones criopreservados (recordamos
la posición prepersonal de este país).

*¿Qué pasa si muere alguno de los esposos o miembros de la
pareja? ¿A qué se refiere la expresión "fecundación posmortem"?*

Se habla de fecundación posmortem cuando se procede
a la inseminación de la mujer viuda con el material genético
(semen) del marido premuerto.

*¿Admiten los proyectos la utilización de esta técnica de
inseminación?*

La mayoría de ellos, con un criterio restrictivo, la prohíben. Sin embargo, de producirse, todos propugnan que si
el hijo naciera dentro de los trescientos días del fallecimiento, la paternidad le quedará atribuida al marido de la

madre. Adoptan este criterio siguiendo las reglas generales asentadas en el Código Civil sobre determinación de la paternidad matrimonial.

Con un criterio más permisivo, existen proyectos que aceptan la inseminación posmortem estableciendo, para realizarla, un plazo máximo de 30 días después de la muerte del cónyuge.

¿Por qué en general no se acepta? ¿Qué problemas genera el uso de esta técnica que motiva la tendencia a su prohibición?

El conflicto gira alrededor de la filiación y los derechos sucesorios. Son argumentos metajurídicos los que guían a proponer la negación de los derechos sucesorios al hijo engendrado por esta técnica: la idea de evitar que apetencias sucesorias, o en general el capricho o arbitrariedad de la viuda, pueda generar el nacimiento de un niño que desplace a otros herederos o que compita con ellos.

Contemplando el principio de bienestar del niño, se cuestiona el hecho de provocar el nacimiento de un niño que nunca conocerá a su padre, que priva premeditadamente del vínculo paterno. Uno de los principios jurídicos invocados por quienes sustentan esta posición es a Convención sobre los derechos del niño (Ley 23.849) que establece el derecho del hijo de conocer a sus padres y ser cuidado por ellos.

De las legislaciones europeas, Alemania, que ostenta una postura restrictiva, prohíbe especialmente la fecundación posmortem.

En el otro extremo, España la permite si ésta es llevada a la práctica dentro del plazo de seis meses posteriores al fallecimiento del esposo. La ley española prevé como requisito indispensable para que pueda efectuarse, que exista consentimiento expreso del marido, en escritura pública o testamento, produciendo en este caso los efectos legales de la filiación matrimonial.

La importancia del consentimiento del esposo fallecido en relación con la utilización del semen criopreservado, la podemos observar en el caso Woodward vs. Commissioner of Social Security (760 N.E. 2d 257 Mass. 2002) donde la Corte de Massachusetts, Estados Unidos, dejó establecido que el hombre que criopreserva su semen debe dejar constancia en forma clara e inequívoca, no sólo que permite la fecundación de óvulos con su semen después de su muerte, sino también cómo realizará la manutención de los niños que pudieran nacer como producto de esa práctica.

Francia, por su parte, cuenta con las recomendaciones del Comité Nacional de Bioética que fija como requisito para la realización de las prácticas, un período de reflexión que no puede ser menor a tres meses ni mayor a un año.

Ante la imposibilidad de una mujer de llevar adelante un embarazo, ¿puede otra mujer hacerlo? ¿A quién se llama "madre por subrogación"?

Se entiende por tal a la mujer que se ofrece a gestar un hijo por cuenta ajena, todo mediante un acuerdo premeditado (contrato) que se firma entre la mujer y la pareja, padres biológicos del futuro niño. Es el supuesto en que genéricamente se puede hablar de un desdoblamiento de la maternidad y donde estamos en presencia de una verdadera maternidad subrogada.

Es la mujer que acepta gestar el embrión de otra pareja para lograr su desarrollo y dar a luz con el compromiso de entregarlo posteriormente a sus padres biológicos.

Son las llamadas "madres sustitutas, portadoras o sub-rogadas" en los países de habla hispana.

Estas denominaciones se refieren a dos situaciones que deben ser referenciadas (ya que las consecuencias jurídicas de ambas son diferentes):

1) Maternidad por acuerdo sin subrogación: el caso de la mujer que acepta ser inseminada con el semen de un hombre casado (que no es su esposo) para procrear un hijo y una vez nacido renunciar a los derechos materno-filiales. No hay disociación porque el proceso gestativo es desa-rrollado por la madre genética, aunque se acuerde que es para favorecer a otra.

2) Maternidad por acuerdo con subrogación: el material genético es distinto y ajeno a la mujer que lleva el embarazo. Es el auténtico supuesto de maternidad por subrogación.

¿Aceptan los proyectos de leyes este tipo de contrato?
En general no. Algunos lo prohíben expresamente, otros, sin prohibirlos, los declaran sin efecto. Existe con-senso en todos los proyectos en considerar que el contrato de maternidad subrogada es nulo, es decir, que ni la pareja ni la mujer portadora podrían exigir su cumplimiento.

¿Por qué se prohíben?
Existen consideraciones éticas y jurídicas a tener en

cuenta al momento de plantear la problemática de este contrato.

Sin abrir un juicio de valor sobre la conducta privada y los móviles que lleven a la celebración de este contrato, que en muchos casos es altruista, podemos decir que no sólo hay un rechazo generalizado en la doctrina por aspectos negociables sino también por la superposición y trastoque de roles familiares, como en el caso de la mujer que gesta a los hijos de su hija.

Desde la visión ética se cuestiona, entre otras cosas, la disociación de la maternidad y la contratación sobre el cuerpo humano.

Desde el punto de vista jurídico se plantea la indeterminación de la maternidad y la nulidad del contrato. Ésta se hace manifiesta al considerarse que el contrato viola el orden público y que su objeto, al recaer en una persona, es contrario a la moral y buenas costumbres.

¿Qué sucedería, conforme a los proyectos, si este contrato es llevado a cabo?

La maternidad quedaría determinada por el parto. Expresa uno de los proyectos: "En el caso que un óvulo fecundado se transfiera a una mujer de quien no proviene el material genético, la maternidad quedará determinada según lo dispuesto por el art. 242 del Código Civil".

En las legislaciones extranjeras encontramos distintas respuestas a la problemática.

España y Francia, por ejemplo, consideran nulo el contrato de subrogación y establecen que la maternidad queda determinada por el parto.

Inglaterra posee una ley específica (Surrogacy Arrangements Act 1985 c.49 del 1-11-90) en la que se condena el lucro pero no el contrato de subrogación en sí mismo, siempre que éste posea la característica de gratuidad.

En Estados Unidos, alrededor de veinte estados regulan el contrato de vientre subrogado estableciendo en sus leyes los términos de los acuerdos. Sólo algunos pocos estados lo prohíben, entre ellos Nueva York y Washington.

En aquellos estados donde no existe una ley específica, las partes firman un contrato en el que estipulan las condiciones de éste.

Las cláusulas principales de los contratos por subrogación en Estados Unidos consideran, entre otros puntos:

-el consentimiento de la mujer y del esposo, si ésta está casada legalmente;

-la realización de exámenes médicos previos;

-la aceptación de los riesgos del embarazo por parte de la mujer;

-la aceptación de los riesgos de anomalía en el niño por parte de la pareja;

-el compromiso de la mujer a realizarse todos los controles médicos necesarios durante el embarazo;

-el compromiso del pago de los gastos derivados del embarazo por parte de la pareja;

-la no publicidad del contrato sin la autorización de la otra parte.

Aún así, la validez que ese contrato pueda tener en el caso de ser atacado por alguna de las partes es relativa, y dependerá en definitiva de la solución judicial.

Uno de los temas relevantes que surge del contrato de

vientre por subrogación es el de filiación: ¿quién será considerada la madre del niño?

En los países que no poseen ley al respecto, la vía para que la mujer de la pareja contratante quede determinada como madre del niño, es la adopción. Es decir, que la pareja que realizó el contrato, debe adoptar al niño una vez nacido.

Las leyes que contemplan la subrogación varían desde establecer un período de tiempo después del nacimiento durante el cual la mujer podrá arrepentirse de entregar al niño, hasta determinar, como la ley de 1999 de Illinois, Estados Unidos, que la pareja contratante puede tener sus nombres en el certificado de nacimiento, por lo que el trámite de adopción deviene innecesario.

¿Puedo elegir el sexo de mi hijo? ¿Se permite la selección de sexo?

La selección de sexo, médicamente posible a través del diagnóstico preimplantatorio, no está prevista en la mayor parte de los proyectos.

Aquellos que la consideran en forma expresa, la prohíben, salvo que la misma tuviere como objetivo la prevención de enfermedades genéticas.

¿Se puede saber si el embrión tiene un trastorno genético? ¿Admiten los proyectos la técnica de Diagnóstico Genético Preimplantatorio (PGD)?

Los proyectos no contemplan específicamente al PGD. El perfeccionamiento de las vías de acceso al conocimiento del genotipo humano permite la detección de anomalías genéticas en las fecundaciones asistidas en la etapa previa a la transferencia del embrión al útero a través de esta técnica.

El PGD posee, desde el punto de vista legal, posturas a favor y en contra. Aquellos que se manifiestan en contra de la realización del procedimiento se basan, fundamentalmente, en el *status* del embrión, al que consideran como una persona. Con tal base, cualquier tipo de investigación a realizarse sobre él quedaría fuera de discusión. Consideran, además, que el derecho a la vida debe siempre prevalecer, por lo que el embrión debería en todos los casos transferirse al útero con el objetivo de lograr un embarazo, sin importar las condiciones del mismo. El PGD deviene entonces improcedente, toda vez que no se trata de una técnica terapéutica sino meramente diagnóstica.

Quienes se encuentran a favor de la técnica, consideran que el *status* del embrión es diferente al de una persona. El derecho a la vida no es menos relevante para esta postura. Por el contrario, se complementa con el derecho a la dignidad, para plantearse finalmente como derecho a una vida digna. Ponen de relieve el respeto que el embrión merece fuera del útero, dada la característica de potencialidad de vida que conlleva. Sin embargo, consideran que este respeto no se ve avasallado, ya que el PGD es realizado bajo determinadas circunstancias que así lo justifiquen. Su práctica implica, entre otras, la consulta a un comité de bioética, y la información integral a los progenitores del embrión sobre esta técnica, para que ellos puedan tomar la decisión final de la realización o no de ella, y del destino que darán a los embriones con trastornos, decisión que plasmarán en la firma de un consentimiento informado en forma previa al procedimiento. En definitiva, la técnica de PGD es uno de los temas que no podrán dejar de considerarse en un futuro en el ámbito legislativo. Antes de hacerlo, sería imprescindible la discusión sobre los beneficios que puede traer, sin perder de vista los aspectos éticos fundamentales que derivan de la aplicación de esta técnica.

¿Pueden donarse embriones para investigación? ¿Permiten los proyectos la investigación de embriones?

La mayoría de los proyectos prohíbe la investigación en embriones. Algunos establecen la prohibición expresa de clonación y la afectación del genoma humano.

Aquellos que admiten algún tipo de intervención en los embriones, sólo lo hacen para los casos en los que la finalidad es terapéutica, en cuyo caso determinan que deberá cumplirse con dos recaudos: la firma de un consentimiento de los progenitores, previa información recibida sobre las intervenciones y los procedimientos a realizarse, y que de forma alguna se modifique el patrimonio genético no patológico.

La tendencia legislativa mundial es prohibir la creación de embriones con el fin específico de ser investigados, y prohibir la transferencia al útero de un embrión que ha sido sujeto a investigación.

El debate que surge de la investigación en embriones es amplio y generalmente apasionado. Aquí, una vez más, las respuestas legislativas dependen de la posición que el país adopte frente al interrogante de qué es un embrión.

La ley alemana establece que la vida humana comienza en el momento de la fertilización, por lo que la investigación de embriones está prohibida en este país después de la singamia. La misma postura adopta la provincia de Victoria en Australia.

España e Inglaterra, que fijan el comienzo de la vida a partir del día 14 de desarrollo del embrión, permiten que éste sea investigado hasta ese momento. Inglaterra, por su parte, no prohíbe expresamente la creación de embriones con el único fin de ser investigados, mientras Francia lo sanciona.

En 1995, cuando el tema se planteó en el Congreso de Estados Unidos, se determinó que el gobierno no daría fondos para la investigación de embriones, pero no fue prohibida. Se consideró en cambio, la necesidad de crear una guía estricta a la cuál los científicos debieran apegarse. Entre los temas sugeridos, se consideró:

-la investigación sólo en embriones descartados después de tratamientos de reproducción asistida y no creados exclusivamente para tal fin;

-la aceptación del diagnóstico genético preimplantatorio y el desarrollo de *stem cells* (células madre);

-la inaceptabilidad de investigar después de la formación de la cresta neural del embrión;

-la inaceptabilidad de la selección de sexo del embrión por razones no médicas;

-la inaceptabilidad de clonar embriones para ser transferidos al útero con la intención de lograr un embarazo;

-la inaceptabilidad de intentar transferir embriones humanos a no humanos.

El debate para la recepción en las leyes de todos los temas apuntados, apenas acaba de comenzar en la Argentina. Por ahora, el vacío legal en algunos casos y la falta de actualización, en otros, es todavía una asignatura pendiente.

PARTE
VII

Capítulo 14

La adopción

Testimonios

AMOR A PRIMERA VISTA

Mario y Marcela son felices, aunque el camino hacia ese estado del cuerpo y el alma no fue sencillo.

Son padres de seis hijos adoptados. Adoptaron seis hijos. Tienen seis hijos. ¿Cuál de estas tres frases es la más adecuada para ellos? Seguramente la última.

Según Marcela, una de las dudas más frecuentes que tienen las parejas que quieren adoptar es la carga genética que va a tener el bebé. *"Se preguntan por los rasgos, los ojos, la inteligencia... Hay gente que no lo supera"*.

—¿Cómo estaban en el momento de la adopción?

—*Acabábamos de llegar de un viaje de cinco semanas y recibimos un llamado urgente que nos llenó de ansiedad y sorpresa —dice Mario—. Era del Juzgado, donde nos dijeron que la jueza de menores quería conocernos y nos proponían entrevis-*

tarnos con una psicóloga para realizar un informe psicológico sobre nosotros. Después de completar todos los trámites, la jueza nos dijo: "El Gobierno de la provincia les quiere ofrecer una beba nacida sana el 25 de mayo, en adopción provisoria".

"En aquel momento la mente se me nubló, recuerdo que después de un largo discurso la funcionaria preguntó: "¿Aceptan?".

"Marcela nunca pudo decir que sí, enseguida se puso a llorar —cuenta emocionado".

—En ese momento fue una adopción provisoria porque nos pidió el certificado de HIV nuestro que no formaba parte del legajo —relata Mónica—. Si bien nos podíamos llevar a la bebita teníamos que volver a los 20 días con el certificado. Firmamos un acta, nos dijo que a la bebita la teníamos que ir a buscar a la vuelta de la esquina donde está ubicado el Juzgado, porque ella estaba al cuidado de una señora. Nunca pensamos que nuestra hijita estuviera tan cerca. Caminamos los cien metros más emocionantes de nuestra vida.

"En las charlas nos habían dicho que si teníamos dudas en el momento en que veíamos al chiquito o si sentíamos algún tipo de rechazo, teníamos que decirlo. Que no nos sintiéramos mal, que no hiciéramos esfuerzos si no estábamos seguros... pero fue todo lo contrario, estábamos felices.

"Cuando la fuimos a buscar, tocamos timbre y no atendió nadie. La señora no estaba, tuvimos que esperarla. Cuando volvió nos dijo que había dejado a la bebita con un vecino porque tenía que hacer unas compras.

"Finalmente conocimos a Gabriela, nos dejaron solos con ella en un cuarto y lloraba y lloraba. Le preparamos una mamadera en la casa y la señora nos dijo que la bebita tenía que despedirse de los cuatro vecinos que con mucho amor la habían

cuidado durante sus primeros ocho días de vida. Subimos al
auto y partimos hacia todas las casas donde ella había estado,
una más humilde que otra".

Amor a primera vista. Eso es lo que sintieron los fla-
mantes padres.

—*Cuando la vimos la quisimos, no necesitamos conocerla
antes. La querés de un momento a otro. Es tangible, es impre-
sionante lo rápido que se produce ese amor. Tanto en tan poco
tiempo y cada día que pasa la querés más* —cuenta la mamá,
sin poder ocultar la emoción a pesar de que todo eso ocurrió
hace unos años.

Es que los amores verdaderos nunca se olvidan, los
detalles son imborrables y se meten hasta en los rincones
más ocultos de la memoria, se sienten con los cinco sentidos: la vista, que se deleita con ese cuerpito pequeño ante
los ojos; el olfato, que reconoce al recién llegado en cada
abrazo; el gusto, que se aprende a fuerza de probar mama-
deras para saber si están en la temperatura justa o las primeras papillas que se prueban antes para asegurarse de que
están bien hechas; el tacto, que acaricia la piel suave; el
oído, listo para recibir cada nuevo ruidito, cada llanto, y cada
intento de palabras ininteligibles para el resto del mundo
menos para papá y mamá.

—*En las charlas nos dijeron que no buscaban chicos para
padres, sino los padres más adecuados para los chicos que se
presentaban. Es un cambio de enfoque y uno tiene también que
cambiar su propia mirada: es decir, yo no tengo derecho a tener
un hijo sino que un hijo tiene el derecho a tener padre. Lo que
quieren ver es por qué la gente quiere adoptar, importa qué rol
va a cumplir este hijo en el matrimonio, para qué lo quieren.*

Se mezcla el instinto natural con lo que puede llegar a ser una posesión enfermiza en algunos casos.

—Hoy, que tienen seis hijos, ¿qué piensan cuando miran hacia atrás?.

—*No los cambiamos por nada. No cambiamos uno de ellos por siete biológicos. Es un milagro. A los chicos les decimos la verdad hasta donde la pueden entender en el momento. Es como hablar de sexo. A los tres años no le vas a explicar con detalle, a los quince sí. Saben que los fuimos a buscar, que nos llamaban de un momento a otro, de qué provincia son, cómo nos alegramos por cada uno de ellos. En casa festejamos también el día en que nos conocimos, además del cumpleaños.*

—¿Alguna vez Gabrielita, Marito, Claudia, Lucilita, Eduardo o Juana preguntaron por la mamá?

—*Hasta ahora no* —respondió él. Saltó para poner cada palabra en su justo lugar. —*La mamá es Marcela. Querrás decir por la señora que la tuvo en la panza...*

—*Una vez estábamos Gabriela, una amiguita y yo. La amiguita me preguntó: "¿No es cierto, Marcela, que la mamá de Gabriela se murió?". Gabriela nunca tuvo esa idea, nunca tuvo la idea de que alguien se había muerto. Entonces le contesté: "La mamá de Gabriela soy yo. La señora que la tuvo en la panza no se murió". Le pregunté quién le había contado eso y la chiquita me dijo que había sido el papá. Entonces le dije que seguramente su papá se había confundido con otro caso. Decir que se murió es lo más fácil, pero no es lo correcto.*

—*Nos enseñaron que la paternidad es un vínculo, que en algunos casos es de sangre y de amor o únicamente de amor en otros casos. Si eso existe, nunca se destruye. También puede darse que no esté bien trabajado el vínculo en lo biológico. El temor que subyace en la posible pregunta del chico sobre sus padres biológicos es el de los padres. Si uno está tranquilo y ha trabado un buen vínculo con su hijo no debe temer a la pregunta. No es malo que pregunte, uno tiene que dar toda la información posible para aclarar las cosas. Hay que acompañarlos.*

Papá dixit.

—Es muy sano decirles a los chicos la verdad; además, ellos son rapidísimos, te sacan la ficha enseguida. Ahora, por ejemplo, pueden ver la película "Tarzán", que en cierto modo se trata de un caso de adopción. Si uno les pregunta si conocen a algún adoptado, te responden: "Sí, Tarzán".

—Otra de las cosas que te dicen es que uno pone la carga siempre en los chicos. Se dice que éste es adoptado, aquél es adoptado, en lugar de decir: yo soy padre adoptivo. La adopción es difícil en el país pero según cómo se mire. Hay mucha gente que se rebela porque dicen que piden muchos papeles, documento de convivencia, antecedentes policiales, HIV, etcétera. Hay que saber entender que el juez en el momento en que da una persona en adopción es el responsable de ese acto que va a marcar a ese chico de por vida. Hay que estar dispuesto a hacer los papeles, que en la práctica se completan en dos meses.

Hoy, para esta pareja que adoptó seis veces, la vida en familia no es diferente a la de cualquier otra. Más populosa, quizás, porque no todo el mundo tiene seis hijos.

La fertilización asistida, como se ve, no es la última estación del tren. Es una más. La adopción es otra. Ni mejor, ni peor, sólo distinta. Como dice aquella tradicional canción popular mexicana, "no importa llegar primero, lo importante es saber llegar".

Escribiendo derecho con renglones torcidos

Queridos Santiago y Sergio:

Seguramente les extrañará recibir esta carta porque ha transcurrido mucho tiempo desde nuestro último encuentro y no volvimos a enviar noticias.

Hoy amanecí pensando cuánta ingratitud hay en este aspecto de la vida del médico y particularmente en el área que ustedes han elegido, donde les llegan innumerables cartas de agradecimiento y hemos visto personalmente cientos de fotos que pueblan los consultorios con las caritas y los nombres de los "éxitos", pero supongo que serán pocas las ocasiones en que vuelven a tener noticias de los que "no tuvieron éxito".

Bueno, sobre este tema quiero hacerles una síntesis muy breve pero que vale la pena. Yo no sé si habríamos llegado al exitoso embarazo insistiendo un poco más, lo que sí sé y comprobé es que era otro el camino que Dios tenía trazado para nosotros.

Luego de nuestra última transferencia de embriones sin resultados en diciembre de 2000, tuvimos un año 2001 que nos dio vuelta la vida para siempre. Mi hermana mayor murió imprevista y trágicamente fuera del país en febrero del año pasado y dejó solita a una piojita de tres años y medio que quedó esperando que alguien la fuera a buscar (a esta altura del cuento es necesario aclarar que mi hermana tuvo esta hija fruto de una relación ocasional de padre desconocido y que tenía desde hacía tiempo serios trastornos emocionales).

Como podrán imaginarse, con todos los miedos del mundo fuimos a rescatar a Macarena sintiendo que la vida nos había echado un balde de agua helada encima y que se nos presentaba la situación más impensada. No voy a aburrirlos detallando (ni vale la pena) todo lo que pasó en nuestra vida durante todo ese año pero lo que sí vale la pena, es contarles que después de un año de duelo, dolor, angustia, bronca y frustración y también de mucho trabajo, hoy somos una preciosa familia de tres, nos hemos complementado mutuamente y de a poquito vamos construyendo el sueño de tantos años.

Resultó que "ese sueño" tenía otra edad, otro aspecto, otra historia muy distinta de lo planeado y costó mucho entenderlo, aceptarlo, acomodarse, pero nos ganó el corazón y hasta que no nos entregamos con los brazos bien abiertos a lo que la vida nos proponía (aunque yo prefiero llamarlo Providencia) no pudimos lograr este estado de felicidad, armonía y gracia que sentimos hoy.

Con esta carta queríamos simplemente que sepan que estamos muy agradecidos de todo lo que hicieron por ayudarnos, poniendo a nuestro alcance todo lo que la Ciencia podía ofrecer y que siempre guardaremos un buen recuerdo del equipo médico del CEGYR, tanto en el aspecto profesional como humano.

De alguna manera, esta experiencia nos enseñó que hay momentos en la vida, a veces, en que aunque no podamos comprenderlo hay que tomar distancia y parar. En definitiva, el tiempo se encargó de demostrarnos que, sin siquiera sospecharlo, la mano venía por otro lado.

Hoy estamos en plenos trámites de guarda con fines de adopción y estamos muy orgullosos y felices de la familia que construimos y queríamos hacerlos partícipes de esa alegría.

Nobleza obliga
Los saludamos con cariño,
Male y Francisco + Macarena